W0244626

rowohlts monographien
begründet von Kurt Kusenberg
herausgegeben
von Wolfgang Müller

Helmut Schmidt

**mit Selbstzeugnissen
und Bilddokumenten
dargestellt von
Harald Steffahn**

Rowohlt

Dieser Band wurde eigens für «rowohlts monographien» geschrieben
Den Anhang besorgte der Autor
Herausgeber: Wolfgang Müller
Redaktion: Uwe Naumann
Redaktionsassistenz: Katrin Finkemeier
Umschlagentwurf: Werner Rebhuhn
Vorderseite: Vor der Abstimmung über seine Vertrauensfrage
im Bonner Bundestag am 5. Februar 1982 (Foto: dpa, Hamburg)
Rückseite: Am Brahmsee im August 1987 (Foto Wolfgang Steche, Hamburg)

Veröffentlicht im Rowohlt Taschenbuch Verlag GmbH,
Reinbek bei Hamburg, Juni 1990
Copyright © 1990 by Rowohlt Taschenbuch Verlag GmbH,
Reinbek bei Hamburg
Alle Rechte an dieser Ausgabe vorbehalten
Satz Times (Linotron 202)
Gesamtherstellung Clausen & Bosse, Leck
Printed in Germany
1080-ISBN 3 499 50444 8

Inhalt

Das Drama   7

Die frühen Jahre   18
   Kindheit und Jugend in Hamburg   21
   Soldat unter Hitler   31
   Ein Heimkehrer findet sein Weltbild   43

Der lange Aufstieg   59
   «Schmidt Schnauze»   61
   Sturmflut   71
   Das Glück des Tüchtigen   79
   Im «Pentabonn»   88
   Der Kronprinz   96

Die Kanzlerschaft   102
   Pragmatismus gegen Utopie   105
   Der Krisenmanager   110
   Ein Bündnis zerfällt   119

Vom Geist der Politik   127

Anmerkungen   134
Zeittafel   138
Zeugnisse   141
Bibliographie   144
Namenregister   149
Über den Autor   152
Quellennachweis der Abbildungen   153

Das Drama

Über die Fernschreiber der Nachrichten-Agenturen ging die Eilmeldung: «Lufthansa-Maschine entführt». Die Boeing 737 mit dem Namen «Landshut» war an diesem Donnerstag, dem 13. Oktober 1977, gegen 14 Uhr in Palma de Mallorca nach Frankfurt gestartet, dann aber von einem arabischen Terrorkommando zur Kursänderung nach Rom gezwungen worden. Dort nötigte der Anführer der Gruppe von zwei Männern und einer Frau den Flugkapitän Jürgen Schumann, nach Zypern weiterzufliegen. An Bord befanden sich fünf Besatzungsmitglieder und 86 Passagiere, überwiegend deutsche.

Im Bundeskriminalamt (BKA) zeigten sich die führenden Beamten kaum überrascht, sobald das Ereignis klare Umrisse gewonnen hatte. Auch die Bonner Politiker mußten sich eingestehen, daß dies die befürchtete «Begleittat» war, wie der BKA-Chef Horst Herold formulierte, der erwartete «zweite Schlag»[1]*. Welches war der erste gewesen?

Seit mehr als fünf Wochen lebte die Bundesrepublik in der fiebrigen Spannung der Schleyer-Affäre. Der zweiundsechzigjährige Präsident des Bundesverbandes der Deutschen Industrie war am 5. September in Köln auf offener Straße entführt worden. Die Terroristen hatten den Fahrer und die drei begleitenden Sicherheitsbeamten bei dem Überfall erschossen. Am nächsten Tag waren die Forderungen der tatverübenden «Rote Armee-Fraktion» (RAF) bekanntgeworden: Freilassung von elf inhaftierten Gesinnungsgenossen; Ausreise mit je 100 000 Mark in ein Land ihrer Wahl.

Der Bonner Regierungsalltag hatte sich daraufhin in ein permanentes Krisen-Management verwandelt. Bundeskanzler Helmut Schmidt und jeder in der engeren und weiteren Beratungsrunde wußte: Sie hatten es mit einer besonders ernsten Herausforderung zu tun; deshalb nämlich, weil die eigene Bewußtseinslage mittlerweile verändert war. Ein abermaliges Nachgeben wie 1975 im Falle des entführten Berliner CDU-Vorsitzenden Peter Lorenz kam nicht in Betracht. Die damals Freigelassenen, im Austausch gegen ihn, hatten nachweislich neue Morde verübt oder waren daran beteiligt gewesen. Helmut Schmidt: *Wir wußten* inzwischen, *daß es*

---

* Die hochgestellten Ziffern verweisen auf die Anmerkungen S. 134 f.

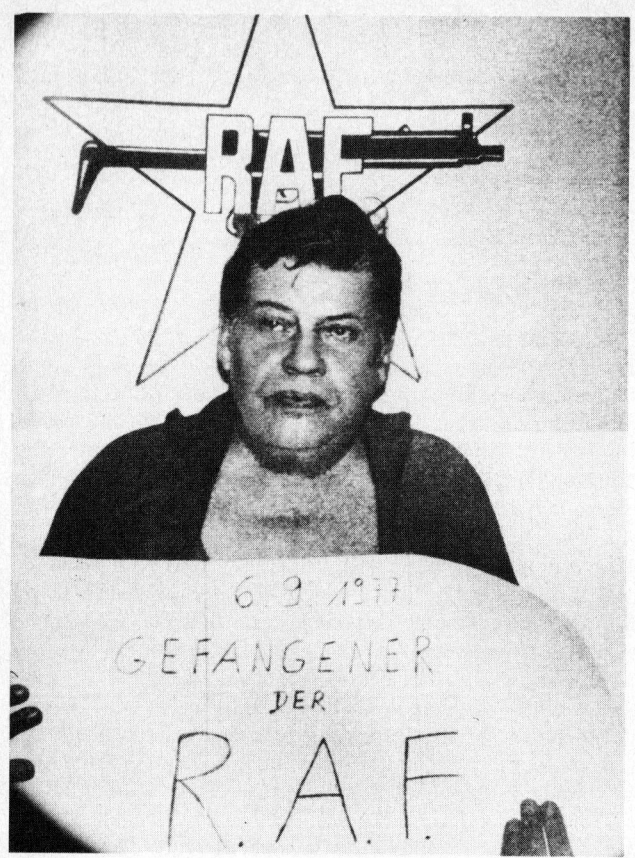

Hanns Martin Schleyer in der Hand seiner Entführer

einfach nichts einbringt, wenn man diese Verbrecher freiläßt. Wir wußten, daß sie wiederkommen und wieder Menschen töten würden.[2]

Die prominentesten Opfer der letzten Monate schienen wie stille Mahner an den Krisensitzungen teilzunehmen: der Generalbundesanwalt Siegfried Buback, der Bankier Jürgen Ponto. Ließe der Staat sich jetzt abermals erpressen, dann würde der Terrorismus mehr errungen haben als einen weiteren Einzelerfolg; dann würden Recht und Sicherheit unabsehbar gefährdet sein.

So waren es Wochen quälenden Nervenkriegs: einerseits die amtliche Hinhaltetaktik bei zugleich fieberhafter Fahndung nach dem Versteck, zum anderen der moralische Druck, der von den Briefen und Tonbändern des Entführten ausging, ebenso von den Interventionen seiner Verwandten und Freunde. Sogar das Bundesverfassungsgericht wurde bemüht, daß es die Freilassung der Inhaftierten verfüge und so den Gefangenen rette.

Die RAF posierte als Medienstar. Den unglücklichen Hanns Martin Schleyer, der bei der Trauerfeier für Ponto voll dunkler Ahnung geäußert hatte, «ich werde der nächste sein»[3], zeigte sie wie eine Trophäe dem Publikum vor, sitzend vor dem fünfzackigen Stern, in welchem die Fanatiker das Symbol ihrer Wunschgesellschaft feierten. Die Geisel selber drängte in Botschaften die Verantwortlichen in Bonn zum Nachgeben:

«... Nachdem aber die Bundesregierung und die politischen Parteien in Verhandlungen eingetreten sind und meiner Familie und mir gegenüber und auch der Öffentlichkeit gegenüber immer wieder bekundet haben, daß sie letztlich meine Befreiung, meine lebende Befreiung wünschten, ist natürlich auch in mir der Wunsch, weiterzuleben, immer stärker geworden. Die Aufspürung meiner Entführer würde auch allerdings mein Ende sein. Denn die Entführer werden gezwungen, dieses herbeizuführen.»[4]

Natürlich wünschte die Bundesregierung die «lebende Befreiung», allerdings ohne Zugeständnisse. So waren die Positionen in Wahrheit unvereinbar. Der Gefangene ersehnte eher Nachgiebigkeit als geopfert zu werden, die Regierung mußte ihn eher opfern, als nachgiebig zu sein. Der Fall war unlösbar, außer durch Fahndungsglück. Einstweilen blieb dem Bundeskanzler nichts als ein beschwörender Appell. Den Nutzen veranschlagte er gering, da er überzeugt war, es mit einer Form von politischer Geistesgestörtheit zu tun zu haben: weil die Terroristen *tatsächlich all den Unsinn, den sie drucken lassen, auch glauben*[5]. Trotzdem rief er vor dem Bundestag zur Umkehr auf:

Die Tat von Köln ist Mord. Die Täter sind Mörder. Ein Mord, bei dem behauptet wird, er diene einem politischen Zweck, bleibt nichtsdestoweniger Mord. Die Vorstellung der Terroristen, sie führten einen «Krieg», wie sie sagen, ist eine absurde Vorstellung... In diesen Tagen haben herausragende Personen aus unserem Geistesleben und aus den Kirchen an die Entführer appelliert... Wir wiederholen diesen Appell, wir wiederholen diesen Aufruf: Beenden Sie Ihr irrsinniges Unternehmen! Sie irren sich: Wir werden uns von Ihrem Wahnsinn nicht anstecken lassen. Sie halten sich für eine ausgewählte kleine Elite, welche ausersehen sei, «die Massen zu befreien». Sie irren sich: Die Massen stehen gegen Sie. Sie wollen die Funktionstüchtigkeit unseres demokratischen Gemeinwesens unmöglich machen. Sie wollen demokratische Politik schlechthin unmöglich machen. Sie irren sich: niemand im Bundestag, der die freiheitliche demokratische Grundordnung nicht verteidigen wird![6]

Unterdessen verhöhnten die Insassen des Stammheimer Gefängnisses das eigene linksextreme Schlagwort von der «Isolationsfolter». Die Verständigung funktionierte nicht nur haftintern, sondern überwand bequem die Anstaltsmauern, ja, die Landesgrenzen. Die Inhaftierten, um die erste Hoffnung betrogen, freigepreßt zu werden, und ihre Gefolgsleute draußen, fuhren stärkeres Geschütz auf. Sie bemühten ihre Freunde im palästinensischen Umfeld, obwohl deren Interessen sich mit den Zielen der deutschen Gewalttäter im Grunde gar nicht berührten. Allenfalls einte sie der Solidaraffekt gegen den amerikanischen «Imperialismus», an dessen Marionettenfäden Westdeutschland und Israel angeblich baumelten.

Das Bundeskriminalamt mußte die «Begleittat» um so mehr befürchten, als in Stammheim ein Kassiber entdeckt worden war mit der Willenserklärung, daß die Häftlinge «nun endlich und unter allen Umständen herausgeholt werden» wollten.[7] Freilich war das BKA hilflos in der Frage nach dem Zeitpunkt, dem Ort und den Umständen des «zweiten Schlages». Darin liegt eben der unaufhebbare Vorsprung aller Terroristen, daß sie das Gesetz des Handelns diktieren. Tausende Personen sind nie ganz sicher zu schützen, aber jede von ihnen ist ganz sicher zu gefährden. Die Beschützenden müssen ihr Augenmerk gleichmäßig auf alle verteilen, die Nachstellenden richten es nur auf einen.

Natürlich durfte man in gewisser Zielrichtung ganz besonders besorgt sein. Der internationale Luftverkehr war das schwächste Glied in der Kette der Sicherheit. Kaum ein mediterraner oder weiter östlich liegender Flughafen, der einer entschlossenen Terrorgruppe den Einstieg verwehrte. Im deutschen Abwehrsystem klaffte vor allem die «Spanienlücke»[8], wie jeder Eingeweihte wußte. So viele deutsche Touristen und so schwache Kontrollen...

Und hier passierte es dann. Es war der 38. Tag nach Schleyers Entführung und Unauffindbarkeit. Damit gewann der Fall eine neue Dimension. Jedem in der Bonner Krisenrunde war augenblicklich klar, daß die Überlebenschancen der ersten Geisel sich dramatisch verschlechterten, angesichts von 91 weiteren. Wie sollte man die sichtbar Präsentierten zu befreien suchen, ohne den unsichtbar Versteckten stärkstens zu gefährden?

Endgültig war jetzt aus der Sache nicht mehr herauszukommen mit einem Triumph ohne jeden Verlust, möglicherweise nur mit Verlusten ohne jeden Triumph. Das Handlungsbemühen auf der höchsten politischen Ebene der Bundeshauptstadt kannte kaum mehr einen anderen Gegenstand. Im Brennglas Bonn konzentrierten sich alle hereinfallenden Strahlen auf einen winzigen Punkt im Orient. Er war beweglich, er wanderte. Nach dem Verlassen Zyperns mußte die Lufthansa-Maschine den Flughafen von Bahrein ansteuern, danach von Dubai, schließlich von Aden.

Während das Schicksal der «Landshut» die Gemüter fast ausschließlich beschäftigte, brachte Schleyer sich mit einem Videoband vorwurfsvoll in

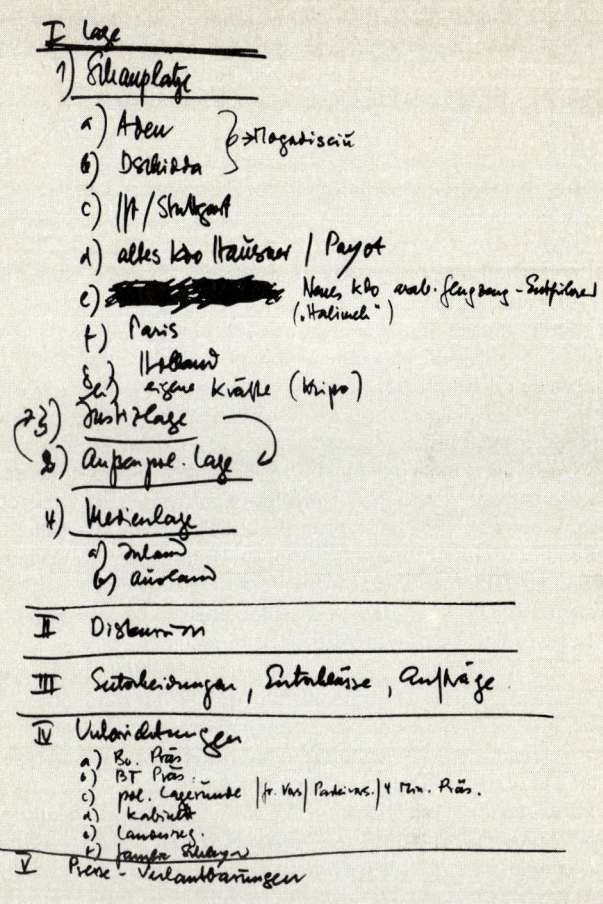

Notizen Helmut Schmidts für die Krisenstab-Sitzung zur Geiselbefreiung

Erinnerung. «Ich frage mich in meiner jetzigen Situation wirklich: Muß denn nun etwas geschehen, damit Bonn endlich zu einer Entscheidung kommt? Schließlich bin ich nun fünfeinhalb Wochen in der Haft der Terroristen, und das alles nur, weil ich mich jahrelang für diesen Staat und seine freiheitlich-demokratische Ordnung eingesetzt und exponiert habe.»[9]

11

Aus der Gegenrichtung kam an diesem 15. Oktober, nicht minder belastend, eine Botschaft des Flugkapitäns: «Das Leben von 91 Männern, Frauen und Kindern an Bord des Flugzeuges hängt von Ihrer Entscheidung ab. Sie sind unsere letzte und einzige Hoffnung.» [10]

Der übermüdete Hoffnungsträger im Bundeskanzleramt konnte sich in der Lage des Odysseus fühlen, der bei der Durchfahrt durch die Meerenge zu wählen hatte zwischen Scylla und Charybdis: ein Ungeheuer links, eines rechts. Ihm blieb nur, sich für das kleinere Übel zu entscheiden. Helmut Schmidts Wahl hieß, die Geiseln gewaltsam zu befreien – mit allen Risiken. Die Spezialtruppe zum Kampf gegen den Terror, die GSG 9, war schon unterwegs. Aber sie wußte noch nicht, wo es möglich sein würde, einzugreifen.

Der Bundeskanzler handelte hierin einvernehmlich mit den Spitzen der Opposition. Parteipolitisch zahlte sich jetzt unbeabsichtigt sein früheres Nachgeben beim Gewalttakt Lorenz aus. Hatte der SPD-Kanzler vor zweieinhalb Jahren bei der Rettung des CDU-Politikers geholfen, so wurde er jetzt umgekehrt nicht in der Erwartung enttäuscht, daß die Repräsentanten der Union die Unnachgiebigkeit im Falle des Industriellen Schleyer und gegenüber den arabischen Entführern mittrugen. Die parteilichen Barrieren Bonns waren in der Krisenrunde niedergelegt. Der kluge Taktiker Schmidt nahm den Oppositionsführer Helmut Kohl und den CSU-Vorsitzenden Franz Josef Strauß in die Verantwortung hinein. Um so weniger durfte dem Kanzler, wenn alles schiefgehen sollte, die Schuld allein angelastet werden. Er wollte zwar gern hinnehmen, daß der mögliche Erfolg viele Väter haben würde, wie stets, aber nicht, daß der Mißerfolg als Waisenkind herumirrte, das er dann allein durchbringen mußte.

Dennoch lag die letzte Verantwortung bei ihm selber. Schon vier Wochen vor dem Gewaltstreich über dem Mittelmeer, zehn Tage nach Schleyers Verschwinden, hatte er daran im Bundestag keinen Zweifel gelassen: *Es handelt sich nicht darum, die notwendigen Entscheidungen auf so viele Schultern zu verteilen, daß nachträglich die Verantwortung nicht mehr erkennbar wäre. Vielmehr finden wir es angesichts der schweren Verbrechen... selbstverständlich, gemeinsam nachzudenken, gemeinsam zu beraten...* [11]

Noch schwankte die Waage unentschieden zwischen Gelingen und Niederlage; doch eine Einzeltragödie innerhalb des Gesamtdramas – die Ermordung des Flugkapitäns – beleuchtete grell die Bedrohlichkeit der Lage. Dabei war sie der Besatzung und den Passagieren der «Landshut» bis zu diesem Sonntagnachmittag, 72 Stunden nach dem Überfall, nicht als geradezu lebensgefährlich erschienen. Dazu hatte die Ruhe, Gelassenheit, Fürsorge des Piloten maßgeblich beigetragen. Aber auch der Chef der Luftpiraten bot zunächst nicht den Eindruck unverhüllter Brutalität. Wie sollten die Insassen des fliegenden Gefängnisses an das Schlimmstmögliche glauben bei einer Szene wie dieser: Der Anführer der

Die entführte Lufthansa-Maschine auf dem Flugplatz von Mogadischu

Arabergruppe kündigte am zweiten Tag, in Dubai, über den Bordlautsprecher an: «Verehrte Passagiere, heute hat die Lufthansa-Stewardeß Annemarie Geburtstag, und wir haben Torte für sie bestellt. Wer will Sekt?»[12] Annemarie hatte ein arabisches Gewand angezogen, und alle klatschten Beifall.

In diesem surrealistischen Verwirrzustand – erpresserischer Menschenraub mit humanitärer Einlage – schlug dann die halbe Gemütlichkeit beinahe übergangslos in die kaltblütige Exekution um. Der Pilot war in Aden wegen Treibstoffmangels notgelandet, trotz verweigerter Landeerlaubnis und gesperrter Landebahn. Er hatte die Maschine verlassen dürfen, um das Fahrwerk zu prüfen, diese Gelegenheit aber zu Außenkontakten genutzt – wohl in der Absicht, einen Weiterflug ins Ungewisse begen der nicht sicheren Startmöglichkeit vom Tower «untersagt» zu bekommen. Wahrscheinlich hatte er damit bei seinen Bewachern den Verdacht der Konspiration geweckt. Der Anführer erschoß Jürgen Schumann vor den Augen der übrigen; die zeitweilige Gemeinschaft von Tätern und Opfern zerfiel in diesem Augenblick wieder scharf: in unberechenbare Akteure und hilflos Ausgelieferte. Der Kopilot, gezwungen zu starten, erreichte dann die entscheidende Station Mogadischu, die Hauptstadt Somalias am «Horn von Afrika».

Es ist Montag, der 17. Oktober 1977. Eine Stunde lang telefoniert der

13

Bundeskanzler mit dem somalischen Staatspräsidenten Mohammed Siad Barre und schildert ihm eindringlich, um welchen Täterkreis es sich bei den deutschen Terroristen handle. Dies meldet die Deutsche Presse-Agentur am Mittag aus Bonn. Die Bundesregierung zeigt auch keine Hemmung, die Öffentlichkeit wissen zu lassen, daß Staatsminister Hans-Jürgen Wischnewski («Ben Wisch») in Mogadischu eingetroffen sei. Geheimgehalten wird nur, daß nach Einbruch der Dunkelheit die Grenzschutzgruppe 9 ebenfalls dort landet. Im Gegenteil werden die Entführer mit Wischnewskis Versicherung hingehalten, die deutschen freizugebenden Häftlinge seien bereits im Flugzeug nach Somalia unterwegs.

Mehrfach gelingt es auf diese Weise, Ultimaten zu verlängern. Die Drohung, die Maschine zu sprengen, hängt aber wie ein Damoklesschwert über der Szene. Nach der Ermordung des Flugkapitäns ist die Unkalkulierbarkeit der Terrorhandlungen ein schwer lastender Druck.

In der Maschine selber wird unterdessen Psychomord betrieben. Alle Gefangenen werden gefesselt – mit den Strümpfen der Frauen. Schweigend montieren die Gangster Sprengstoff, zerschlagen Whiskyflaschen und schütten den Inhalt auf den Boden. Fiele ein Streichholz hinein, und wenn auch nur aus Versehen, dann bräche die Hölle los. Eine Stewardeß fragt die Araberin, ob sie keine Angst vor dem Sterben habe. Mit fatalistischem Märtyrersinn wird entgegnet, sie sei schon lange gestorben.

Mittlerweile ist, von drinnen unsichtbar, der Countdown im Gange. Am späten Montagabend um 23 Uhr 15 deutscher Zeit – am Tatort ist die Uhr zwei Stunden weiter – beginnt die Befreiertruppe, sich anzuschleichen.

In der Kanzlerrunde steigt die Erregung ein letztes Mal, als Wischnewski, die graue Eminenz der guten Zwecke, kurz vor Mitternacht telefonisch nur zwei Worte durchgibt: «Zehn Minuten.»[13] Nun bleibt nur noch stillergebenes Nichtstun.

Mit Hilfe britischer Spezialisten setzen die Männer der GSG 9 beim Angriff eine Licht- und Tonbombe ein. Sie detoniert im umschlossenen Raum mit so grellem Blitz und solchem Krach (ohne Explosionsdruck und Splitterwirkung), daß sie die Angegriffenen für Sekunden völlig lähmt. Während des Überraschungsschlags werden alle drei Terroristen getötet, ohne noch Unheil anrichten zu können.

Ben Wisch gibt die erlösende Mitteilung durch, im Stile des James Bond: «Die Arbeit ist erledigt.»[14] Auf deutscher Seite, so fügt er hinzu, habe es keine Opfer gegeben. Helmut Schmidt bricht in Tränen aus. Später sagte er darüber: *Mich kann man so leicht nicht erschüttern. Aber in diesem Augenblick konnte ich mir einfach nicht helfen. Die Spannung dieser letzten Wochen hatte sich eben gelöst.*[15]

In diesen ersten Minuten des 18. Oktober 1977 war die Laufbahn des fünften Bundeskanzlers am kritischsten Punkt gewesen. Seine besonderen Qualitäten gerade in Gefahren: daß der *Denkapparat dann besser*

funktioniert, ihm *bessere Nerven als anderen* gegeben seien und er gerade hier *in solcher qualvollen Periode ... höchste Geduld mit höchster Konzentration zu kombinieren*[16] gelernt habe – alle diese Gaben hätten ihm beim Mißlingen dennoch nichts genützt. Denn: *Ich hätte am nächsten Tag vor dem Bundestag meinen Rücktritt bekanntgegeben. Niemand hätte mich davon abhalten können. Ich war fest entschlossen.*[17]

Als am Beginn des sechsten Tages, 106 Stunden nach der Geiselnahme, die Schlacht von Mogadischu geschlagen war, verabschiedete der Oberbefehlshaber im Bonner Kanzleramt seinen Generalstab mit den Worten: *Das wird Normen setzen.*[18] Die Wirkung des Geschehens zeigte sich sofort. Das befreite Durchatmen der einen bedeutete die Selbstaufgabe der anderen. Noch war der Sieg im Morgenlande kaum zur Kenntnis der schlafenden Nation gelangt, als der beginnende Tag schon seine zweite Sensation erreichte: mit einem dreifachen Freitod im Stammheimer Gefängnis. Andreas Baader, Gudrun Ensslin und Jan-Carl Raspe, im April jenes Jahres zu lebenslanger Haft verurteilt, schieden getrennt, aber einvernehmlich aus dem Leben, teils durch Pistolen, teils durch Erhängen. Baader starb durch Genickschuß, was der Bundesinnenminister Werner Maihofer angewidert mit den Worten versah: «Man kann die Perfidie auch so weit treiben, daß man seine eigene Tötung zur Hinrichtung

15

Nach der Geiselbefreiung: Ordensverleihung im Bundeskanzleramt. Links von Helmut Schmidt der Innenminister Werner Maihofer und Hans-Jürgen Wischnewski, ganz links der GSG 9-Kommandant Ulrich Wegener

macht.»[19] Mit dieser Selbstmordmethode hatte der Wortführer der Extremisten die Märtyrerlegende vom Mord stiften wollen, obwohl Fachleute sie auf den ersten Blick entkräfteten. Immerhin fand er bei Sympathisanten des In- und Auslands damit Glauben, trotz des erkennbar leichten Zugangs zu Waffen. In den «angeblich bestbewachten Zellen des Landes» wurden so viele hochgefährliche Gegenstände entdeckt, daß sie einer «Sammlung in einem Kriminalmuseum» glichen («Der Spiegel»).[20]

Der 18. Oktober setzte eine Spirale von Handlungszwängen in Gang, die jedesmal für eine Seite tödlich verlief. Nach der Überwältigung der Terroristen in Mogadischu durch die Verteidigung des Rechts, nach dem Freitod der in die Aussichtslosigkeit zurückgestoßenen Verurteilten in Stammheim folgte der letzte Akt der Tragödie: die ebenso logische wie nicht mehr zu verhindernde Rachetat an dem Geiselhäftling Schleyer. «Sieger» waren diesmal die Entführer. Sie bestätigten am nächsten Abend auf den üblichen Übermittlungswegen an Redaktionen in ihrem verdorbenen Jargon das Verbrechen, das jetzt von vielen zu jeder möglichen Stunde befürchtet worden war:

«Wir haben nach 43 Tagen Hanns Martin Schleyers klägliche und korrupte Existenz beendet. Herr Schmidt, der in seinem Machtkalkül von Anfang an mit Schleyers Tod spekulierte, kann ihn in der rue Charles

16

Peguy in Mülhausen in einem grünen Audi 100 mit Bad Homburger Kennzeichen abholen. Für unseren Schmerz und unsere Wut über die Massaker von Mogadischu und Stammheim ist sein Tod bedeutungslos... Wir werden Schmidt und den ihn unterstützenden Imperialisten nie das vergossene Blut vergessen. Der Kampf hat erst begonnen.»[21]

Nach allem Dafürhalten irrten die Terroristen sich. Ihre letzte Mordtat war nur eine ohnmächtige Gebärde des Hasses, während umgekehrt die Regierung aus der Überwindung der Täter von Mogadischu Stärkung zog. Der Ausspruch *Das wird Normen setzen*[22] war die wirklichkeitsgerechtere Losung als die Gegenparole «Der Kampf hat erst begonnen».

Aber im Rechenschaftsbericht vor dem Parlament am 20. Oktober mied der Bundeskanzler jeden Ansatz von Selbstgewißheit mit der Erfahrung, daß auch der strahlendste Erfolg nur einer Arznei gleicht: Heilung gibt es nicht ohne Nebenwirkungen. *Wer weiß, daß er so oder so, trotz allen Bemühens, mit Versäumnis und Schuld behaftet sein wird, wie immer er handelt, der wird von sich selbst nicht sagen wollen, er habe alles getan, und alles sei richtig gewesen... Wohl aber wird er sagen dürfen: Dieses und dieses haben wir entschieden, jenes und jenes haben wir... unterlassen. Alles dies haben wir zu verantworten.*[23] Diese Formel der Bescheidenheit könnte über dem Schreibtisch jedes Staatsmannes hängen, und sie gilt bei weitem nicht nur in der Stunde der Not.

Fünf Tage danach, bei der Trauerfeier für Hanns Martin Schleyer in Stuttgart, trat auch der Bundespräsident Walter Scheel ans Pult und sprach eine Art Schlußwort. Es klang so düster, wie der Anlaß war, und trennte uns um zweihundert Jahre vom hochgemuten Glauben der Aufklärung an das prinzipiell Gute im Menschen, das höchstens in den Verliesen gesellschaftlicher Rückständigkeit eingesperrt sei: «In unserer Gesellschaft geschehen Dinge von einer Schändlichkeit, daß man ihren Anblick kaum erträgt, Dinge, die einen mit furchtbarer Deutlichkeit wieder auf etwas hinstoßen, was man so gerne vergessen mag: wie böse der Mensch sein kann. Ich schäme mich für die Bosheit dieser jungen verirrten Menschen. Sie selbst können sich wohl nicht mehr schämen. Sie sind frei von jeder Hemmung, frei von jedem Tabu. Sie haben alle Werte einer zweitausendjährigen Kultur auf den Müll gekippt. Sie sind frei von ihnen. Aber was für eine furchtbare Grimasse der Freiheit schaut uns da an?»[24]

Viele Wechselfälle des Schicksals und aufregende Zeitspannen hatte der Politiker Helmut Schmidt bis dahin, bis in sein 59. Jahr, schon erlebt; so dramatisch war keine gewesen. In gewissen früheren Phasen, als er Zwang und Diktatur über sich gespürt, hatte er wohl nicht geahnt, daß sogar die Demokratie zu Zeiten der Büchse der Pandora gleicht, welche giftausdünstend schlimme Übel entläßt. Aber in dem Gefäß, so heißt es in der Überlieferung des Mythos durch Hesiod, blieb wenigstens die Hoffnung zurück.

Die frühen Jahre

Wirre, chaotische Tage. Der Waffenstillstand von Compiègne liegt sechs Wochen zurück. Deutschland ist aus dem bis hierher opferreichsten aller Kriege besiegt hervorgegangen, auch wenn viele fortan hartnäckig vom «Dolchstoß» sprechen. Erkennbar schon jetzt steht ein hartes Friedensdiktat bevor. Morgen, am Heiligen Abend 1918, werden in Berlin rund ums Schloß, das keinen Schloßherrn mehr hat, heftige Kämpfe ausbrechen: die revolutionäre Volksmarinedivision gegen Truppen der Heeresleitung. Über den blutigen Auseinandersetzungen wird die vorläufige Regierung, der «Rat der Volksbeauftragten» unter Friedrich Ebert, zerfallen; durch Austritt der linksaußen angesiedelten Unabhängigen Sozialdemokraten (USPD). Zum Jahresende entsteht dann die neue Linkspartei KPD – um schon nach zweiwöchigem Bestehen ihre ersten beiden Märtyrer beklagen zu müssen: Karl Liebknecht und Rosa Luxemburg.

Aber heute ist erst der 23. Dezember. Am Tag der Geburt des späteren Sozialdemokraten Helmut Schmidt in Hamburg veröffentlicht das hanseatische SPD-Blatt «Hamburger Echo» einen Leitartikel unter der Überschrift «Der Aufbau unserer Friedenswirtschaft». Entschieden wendet der Autor sich gegen die augenblicklichen Streiks in Deutschland, weil «zu keiner Zeit die Pflicht zur Arbeit höher steht als gegenwärtig». Denn: «Wie wollen wir unser junges Staatsleben zu Kräften kommen lassen, wenn wir ihm das Lebenselement, die Arbeit, nehmen?»

Der grundvernünftige Kommentator, Robert Schmidt, verwirft – als Sozialdemokrat – ausdrücklich die bisherige Kampfesweise gegen den Kapitalismus, da die Arbeiter am Aufbau des neuen demokratischen Staatswesens interessiert sein müßten. In diesem Sinne hält er auch nichts von sofortiger Umverteilung. Falsch sei, wegen der hohen Kriegsgewinne der Industrie höhere Löhne zu verlangen, da jene Rücklagen nötig sein werden, die Kriegsschulden zu bezahlen. Kein Unternehmer produziere im übrigen ohne Gewinnaussichten und die Produktion müsse ja dringend angeregt werden. Am Schluß wird dem Leser vor Augen gehalten, «daß zum Sozialismus, wenn er verwirklicht werden soll, auch ein Stück Idealismus notwendig ist».

Der Geburtstag des späteren Staatsmannes Helmut Schmidt wird noch von anderen wichtigen Gedanken und Nachrichten über den Staat beglei-

Ausgabe vom Tag der Geburt Helmut Schmidts

tet. Eduard Bernstein, der «Revisionist» des Marxismus, hatte am Vortag – so wird auf der Titelseite vermeldet – nachdrücklich für die Parteieinheit gesprochen. Der Hader müsse begraben werden. «Auf keinen Fall darf es bei uns zu russischen Zuständen kommen. Wenn wir nicht Demokraten sind, sondern die Diktatur herrschen lassen, dann haben wir den Massenmord.» Der Appell an die Einheit war vergebens, der endgültige Bruch unter den Sozialisten nicht aufzuhalten. Vom Jahresende 1918 an lebte die sozialistische Linke endgültig und unwiderruflich in zwei getrennten und einander leidenschaftlich bekämpfenden Lagern.

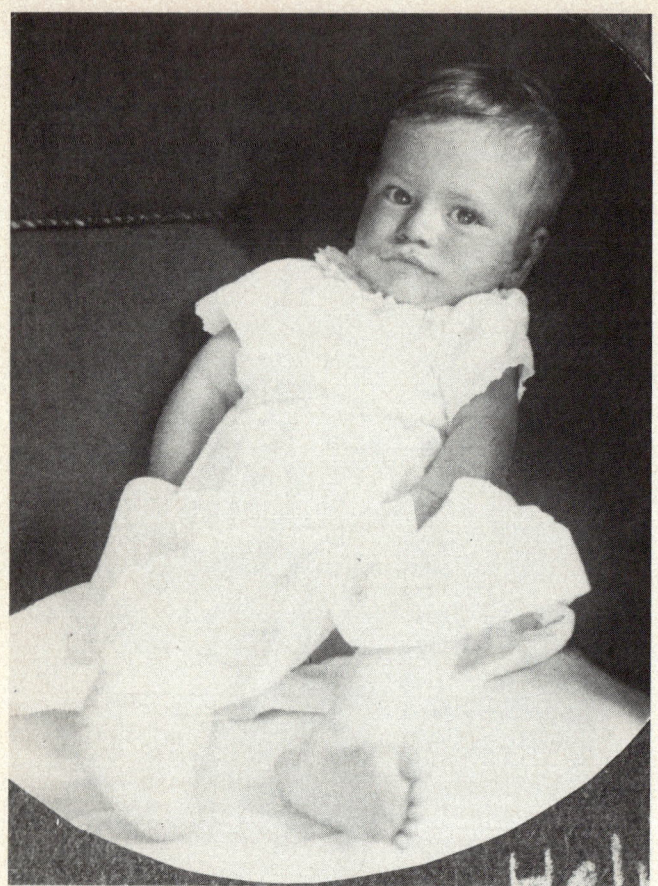

Helmut Schmidt, 1919

Erfreulicher war dann schon eine andere Meldung auf der ersten Seite des «Hamburger Echo»: daß bei den Wahlen zur Nationalversammlung, soeben ausgeschrieben für den 19. Januar 1919, erstmals die Frauen stimmberechtigt sein werden. Die sozialdemokratische Forderung seit dem Erfurter Parteikongreß von 1891 wurde Wirklichkeit. Die Zeitung war optimistisch: Die Frauen, «die man niemals an den politischen, wirtschaftlichen und sozialpolitischen Beratungen teilnehmen ließ, werden bei den kommenden Wahlen, den bedeutungsvollsten, die Deutschland jemals hatte, die ausschlaggebenden sein. Der Weltkrieg mit seinen wirt-

schaftlichen Erschütterungen, dem Zusammenbruch des Kaiserreichs...
brachte den Frauen die durch Jahrtausende vorenthaltene Freiheit.»

Der Krieg der Vater aller Dinge?

Kindheit und Jugend in Hamburg

Auch in Hamburg ging fortan, wie im Reich, die Staatsgewalt vom Volke
aus. Dies bedeutete, daß das allgemeine und gleiche Wahlrecht an die
Stelle desjenigen trat, welches bisher die Oberschichten, die Höherver-
dienenden begünstigt hatte. In der reichen Handels- und Hafenstadt war
das die Kaufmannschaft gewesen. Seit dem Mittelalter hatte sie hier un-
gefährdet den Ton angegeben. Jetzt aber mußte bei der ersten Wahl mit
Sicherheit die Sozialdemokratie gewinnen, entsprechend dem hohen An-
teil von Arbeitern in der «roten» Hansestadt mit ihrem riesigen Hafengelände und ihrer starken Industrie. Die SPD errang im März 1919 die absolute Mehrheit in der Bürgerschaft.

Die vierzehn Jahre der Weimarer Demokratie verliefen zeitgleich mit
den ersten vierzehn Lebensjahren des Hanseaten Helmut Schmidt. Wei-
mars Gesamtschicksal spiegelte sich im Mikrokosmos Hamburgs getreu-
lich wider: in den inneren Unruhen, wie sie besonders im Oktober 1923 in
blutigen Kämpfen zwischen Kommunisten und Polizei Ausdruck fanden,
vor allem aber im Auf und Ab der wirtschaftlichen Lage. Die anfängliche
Wirtschaftsnot (Reparationen, Inflation) wich der Scheinblüte der mittleren Jahre, bis die Weltwirtschaftskrise hereinbrach. Daß die vier national-
sozialistischen Bürgerschafts-Abgeordneten von 1924 sich 1931 auf 43
vermehrten, entsprach den Verhältnissen im übrigen Deutschland und
ließ für die Zukunft der Demokratie wenig Hoffnung. Aber viele Verteidiger hatte sie ja auch nicht...

Einstige reine «Arbeiterbezirke» wie der Wedding oder Kreuzberg in
Berlin, wie Barmbek oder Rothenburgsort in Hamburg haben in den
Bombennächten des Zweiten Weltkriegs ihr Gesicht verloren. Beim Wie-
deraufbau wurden sie soziologisch durchmischt, gewannen ein eher klein-
bürgerliches Gepräge, zumal die Arbeiterschaft selber längst nicht mehr
den Charakter einer geschlossenen Schicht bewahrt.

1918, als Helmut Schmidt in Barmbek geboren wurde, fiel diese Familie gerade wegen der ortstypischen Einheitlichkeit des Milieus etwas aus
dem sozialen Rahmen. Der Vater Gustav, zwar im Haus eines Hafenar-
beiters aufgewachsen, hatte sich nach Lehrjahren in einer Anwaltskanzlei
– Berufsziel: Bürovorsteher – mit zähem Willen zum Volksschullehrer
fortgebildet und später noch das Diplom des Handelslehrers erworben.

Sein sozialer Aufstieg wirkt nicht ganz so ungewöhnlich, wenn man
weniger auf den sichtbaren Vordergrund des Herkommens schaut, sondern auf den lange verborgen gebliebenen Hintergrund. Anderthalb

Jahrzehnte, bis 1933, vergingen, bis der Sohn Helmut über die wahren Zusammenhänge aufgeklärt wurde, und weitere 50 Jahre, bis er seinerseits von diesem Wissen Gebrauch machte und damit zu seiner Verbreitung beitrug. Gustav Schmidt war aus einem großbürgerlichen jüdischen Seitensprung hervorgegangen. *Als alle jungen Leute damals, 1933, in die Hitlerjugend eintraten oder übernommen wurden mit ihren Jugendbünden, in denen sie waren, haben meine Eltern gesagt: Du kannst nicht in die Hitlerjugend, weil du einen jüdischen Großvater hast. Und dann haben*

Helmut mit seinen Eltern und dem Bruder Wolfgang (rechts), 1924

Hamburg-Barmbek: Blick auf die Hamburger Straße, Ende der zwanziger Jahre

sie zum erstenmal überhaupt darüber mit mir geredet.[25] Der Großvater hieß Gumbel.

Es war wohl der englische Zeitungskorrespondent Jonathan Carr, der 1984 zuerst bekannt gemacht hat, daß Helmut Schmidt nach den «Nürnberger Gesetzen» als Vierteljude eingestuft worden wäre. In der englischen Originalausgabe seines Buchs schreibt Carr, daß Helmut Schmidts Vater der illegitime Sohn eines Bankdirektors gewesen sei. Das stimmte zwar nicht, aber Herr Gumbel gehörte einer Bankiersfamilie an. Seinen Sohn brachte er dann bei der Familie Schmidt unter, und sie adoptierte ihn.

Das Dämmerlicht dieser Herkunft aufzuhellen ist dem Enkel nach dem Krieg nicht mehr gelungen. Vom Großvater väterlicherseits hatte sich jede Spur verloren. Ob er zu Beginn der Nazizeit noch gelebt hat, ob er ausgewandert ist oder Schlimmerem noch ausgeliefert war, niemand weiß es.

Vater Gustav wollte, daß seine Kinder Helmut und Wolfgang leichter vorankämen, als es ihm vergönnt gewesen war. Er, der ein herkömmlich

23

strenges Regiment führte, Widerreden nicht duldete, mit Strafen schnell zur Hand war, mit Unteroffiziersmethoden fürs Leben abhärten wollte (wer sich beim Sturz das Knie aufschlug, mußte sich den Schmerz darüber noch mit einem *Do lach ick över*[26] aus dem Sinn schlagen) – dieser autoritäre Gustav Schmidt dachte zugleich sehr modern, wo es um das empfehlenswerte Schulsystem ging. Gehorsam zu Hause – aber alle Möglichkeiten «draußen», für später! So schickte er die Söhne, zuerst Helmut 1929, nach den Volksschuljahren in der Wallstraße östlich der Außenalster, auf die Lichtwark-Oberschule am Stadtpark.

Alfred Lichtwark: Der Name war ein Programm. 1886 bis 1914, bis zu seinem Tod, war der Kunsthistoriker und Kunstpädagoge der Direktor der Hamburger Kunsthalle gewesen und hatte sie gegen den konservativen Kunstgeschmack der regierenden Kaufmannschaft um bedeutende Werke auch der zeitgenössischen Malerei bereichert. Darüber hinaus war er bemüht gewesen, die Kunst ins Volk zu tragen, und das hieß zuallererst: in die Schulen. Für dieses Bestreben zeugte die von ihm gegründete Lehrervereinigung «zur Pflege der künstlerischen Bildung in den Schulen» (1896).

Lichtwark erlebte nicht mehr den Durchbruch der schulischen Reformbewegung nach dem Ersten Weltkrieg. Sie wurde von der damaligen, ausgesprochen bildungsbemühten Sozialdemokratie lebhaft gefördert. Besonders Hamburg erwarb sich hierin Verdienste, die landesweit beachtet wurden. Die Lichtwark-Schule konnte als Musterbeispiel der neuen Gesinnung gelten. Gebaut wurde sie obendrein von einem bedeutenden Architekten, Fritz Schumacher, seit 1909 Baudirektor in Hamburg. Er setzte die künstlerischen Anregungen des Namengebers innenarchitektonisch um:

«In der großen Aula mußte ich ein Podium für 72 Mitwirkende schaffen, und zum ersten Mal gestaltete ich unter Anleitung eines Anhängers der neuen Orgelbewegung ein Instrument, das mehr war als die gewöhnlichen Schulorgeln. Nur tönende Pfeifen wurden im Prospekt gezeigt, und ich ließ sie in leuchtenden Farben, die dem Charakter des jeweiligen Tones angepaßt waren, bemalen.»[27]

Schüler jener Schule erinnern sich: «Musik verband uns mehr, als uns damals bewußt wurde.» (Percy Gerd Watkinson)[28] Der Satz ist weittragend, weil er den gemütsbildenden Wert und den äußerlich nicht meßbaren Gewinn herausstreicht, ganz unabhängig davon, ob die Musik darüber hinaus handwerklich betrieben wird. Wie sie Menschen prägt, geistig und seelisch lockert, diese schlichte Wahrheit ist auch mehr als ein Dreivierteljahrhundert nach Lichtwarks Tod weit entfernt, Allgemeinwissen unter Schulverantwortlichen zu sein. Sonst würde nicht die Musik im Fächerkanon nach wie vor als Nebenfach dahinkümmern und vielfach ohne spezielle Vorbildung unterrichtet werden, sofern sie nicht, viel wahrscheinlicher, im Finanzierungs- und Stellenplan, der von Verwal-

Der erste Schultag, Schule Wallstraße, 1925.
Helmut Schmidt in der Mitte der ersten linken Bank

tungsjuristen entworfen und zusammengestrichen wird, schon von vorn-
herein unberücksichtigt bleibt.

Helmut Schmidt malte, spielte Klavier – die Orgel kam später dazu –
und glänzte damit, daß er als Vierzehn- oder Fünfzehnjähriger *zwanzig
Choräle in vierstimmigen Satz gesetzt und als Jahresarbeit abgegeben*[29]
hat. Die Musik brachte er von Hause mit. Die Mutter Ludovica, so steht
zu lesen, war künstlerisch begabt, trieb Gesang mit Verwandten, führte
ihre Kinder in Konzerte und Museen.

Ein ähnlich musisches Ambiente war einem kleinen Mädchen beschieden, das sich in derselben Sexta des Jahres 1929 unter der Leitung von Ida
Eberhardt einfand, weil die Lichtwark-Schule als erste in Hamburg und
eine der frühen in Deutschland die Koedukation eingeführt hatte. Das
Mädchen hieß Hannelore Glaser, nannte sich selber Loki und heiratete
später ihren Mitschüler Helmut Schmidt. Bei Glasers wurden Madrigale
gesungen, der Vater geigte, malte, Loki und ihre Geschwister spielten
Streichinstrumente. Das war für eine einfache Handwerker-Familie jener
Zeit, der Vater Elektriker, die Mutter Schneiderin, gewiß ungewöhnlich.

25

Helmut Schmidt und «Loki» Glaser (2. und 3. v. r.) bei einem Kindergeburtstag, 1929

Übrigens hat der Kunstunterricht, hier bezogen auf denjenigen der bildenden Kunst, so nachhaltig auf Helmut Schmidt gewirkt, daß er als einflußreicher Politiker einen Feldzug der Wiedergutmachung eröffnete zugunsten des von den Nazis unterdrückten Expressionismus: *Beeinflußt durch die Kunsterziehung an der Lichtwarkschule, war ich seit meiner Jugend vom deutschen Expressionismus begeistert... Als Bundeskanzler nutzte ich jede Möglichkeit, den Expressionisten im Bewußtsein sowohl der Deutschen als auch des Auslandes zu ihrem wohlverdienten Durchbruch zu verhelfen, denn noch immer spielten sie in der Welt nur eine untergeordnete Rolle. Deshalb habe ich auch den Neubau des Bundeskanzleramtes mit expressionistischen Kunstwerken ausgestattet, was ausländischen Besuchern immer Anlaß zum Gespräch gab.*[30] Seine eigene Laien-Malkunst ist expressionistisch gefärbt.

Der zweite Schwerpunkt an der Schule war der Sport. Wo gab es die tägliche Sportstunde? Dort jedenfalls. Der Lichtwarkianer Ulrich Horn denkt zurück: «Ein Junge, der hieß Schmidt, stämmig gebaut, war kein

Läufertyp, aber im Kugelstoßen, Speerwerfen, Handballspielen und so weiter war er hervorragend. Ja, wenn wir im Stadion (des Stadtparks) Sport hatten, zogen wir gemeinsam dorthin, d. h. die Jungs für sich und die Mädels für sich.»[31] Mit «und so weiter» muß mindestens auch das Rudern gemeint sein, denn der «stämmig gebaute» Schüler Schmidt führte die Ruderriege an. Dankbar entsinnt er sich seines Turnlehrers Ernst Schöning, seines menschlichen und pädagogischen Vorbilds.

Weniger «Paukbetrieb», als vielmehr eigenständig arbeiten und denken lernen: Auch darin war die Lehranstalt vorbildlich. *Ich habe ein Jahr als Dreizehn- oder Vierzehnjähriger eine Arbeit gemacht über die Weser-Renaissance in Hameln, Bückeburg und anderen Orten.* Danach kam die Jahresarbeit mit den Choralsätzen. *Und wieder ein Jahr darauf habe ich eine Arbeit gemacht über die Konkurrenz zwischen den Seehäfen Antwerpen, Rotterdam, Bremen und Hamburg.*[32] Der berühmteste Schüler erkennt lobend, *wie man uns junge Menschen dazu gebracht hat, von Fall zu Fall uns selbständig auf völlig verschiedenen Gebieten zu tummeln.*[33] Die Schule, die ihm mit den Möglichkeiten ruhigen Entfaltens in einer von außen weithin ungestörten Entwicklungsphase viel mehr bedeutet und gegeben hat als später die Universität in den harten Nachkriegsjahren, faßt er in ihrer Einwirkung so zusammen: *Eins hatten die gemeinsam* (das heißt, die Pädagogen unterschiedlicher, sogar gegensätzlicher weltanschaulicher Zugehörigkeit). *Es waren von ihrer pädagogischen Aufgabe innerlich besessene, gute Lehrer. Und das Schwergewicht der Schule lag eigentlich auf der Erziehung zum Zugang zu den kulturellen Werten: ob in der Literatur (ich habe enorm viel gelesen als Schüler, die großen russischen Romanciers, die Franzosen), ob in den schönen Künsten, ob in der Musik. Wir haben jeden Tag eine Stunde Sport gemacht und waren alle sehr gute Sportler. Naturwissenschaften und Fremdsprachen wurden leider klein geschrieben.*[34] Und das gute Englisch, wo hat Helmut Schmidt es gelernt? *Sehr viel später, unterwegs, auf Reisen.*[35]

Der Junge, dem nach elterlicher Überzeugung der Weg in die Hitlerjugend wegen seiner Abstammung versperrt war, wurde anscheinend nach solchen Skrupeln gar nicht gefragt. Vielmehr fand er sich nach eigener Auskunft eines Tages in der Marine-HJ wieder, weil die Hamburger Jugend-Rudervereine dorthin eingegliedert worden seien. Ganz einleuchtend ist diese Art der Übernahme nicht, weil die «Gleichschaltung» an sich nur bedeutete, daß Sportvereine jeder Art Zwangsmitglieder der staatlichen Sportorganisation wurden.

Tatsache ist nun aber, daß der Scharführer Helmut Schmidt nur drei Jahre, von 1934 bis 1936, die Uniform der Staatsjugend trug. Kurz vor seinem achtzehnten Geburtstag wurde er suspendiert: *Ich nehme wirklich an, weil ich dauernd dummes Zeug geredet habe in deren Augen; denen ist meine Meckerei wohl auf die Nerven gegangen.*[36] Mit dazu beigetragen hatte ein von den Jungen gemaltes Fries entlang der Wand im Kellerraum, in welchem die Kameradschaftsabende stattfanden, eine Umschrift mit dem Text

> Freiheit ist das Feuer / Ist der helle Schein,
> Solange sie noch lodert / Ist die Welt nicht klein.

Das war zwar ein originales Nazilied; im Zusammenhang mit der «Meckerei» gewann der Wortlaut allerdings eine andere Klangfarbe. *Die empfanden ganz richtig, was ich damit meinte.*[37]

Wie hatte sich nun das Elternhaus zu der – wider Erwarten – doch problemlosen Hereinnahme in die Hitlerjugend verhalten? Gustav Schmidt war vom politischen Denken her ein Liberaler, wobei sein Ältester sich nicht erinnert, ob er seine innere Parteiheimat auf der halbrechten oder halblinken Seite vom Zentrum gehabt hat: ob mehr bei Gustav Stresemann oder mehr bei Friedrich Naumann. Gleichviel, *er war vorsichtig, und er hatte vielleicht auch Grund, vorsichtig zu sein*[38]. Dieses «vielleicht» wird heute mit anderen Augen gelesen als noch 1966 im Interview von Günter Gaus. *Jedenfalls hat er, als wir beiden Jungs... in der Hitlerjugend waren, sehr sorgfältig vermieden, uns gegenüber dem, was wir dort lernten, nun zu Hause in Konflikte zu bringen, so daß ich also von meinem Vater her zwar atmosphärisch gegen das Dritte Reich beeinflußt worden bin, aber nicht für irgendwelche Dinge.*[39]

Aus solcher politischen Zurückhaltung konnte natürlich für die Söhne in jenen Jahren keine nachträgliche Wertschätzung der Weimarer Demokratie erwachsen (deren Untergang sie zuletzt noch miterlebt hatten); und so kam es, daß Helmut Schmidt nach dem Krieg mit einem inhaltsleeren Begriff von demokratischer Lebens- und Funktionsweise in die Politik ging, aufgeschlossen zwar, aber nicht vorgeprägt.

Aber noch ist er in der Schule. Und er beschäftigt sich nicht ausschließlich mit Choralsätzen, Rudern, mit russischen und französischen Romanen. Da ist noch dieses Mädchen Hannelore Glaser, Loki. Der Große Brockhaus spricht von der «rätselvollsten Gestalt der altnordischen Mythologie», wobei Loki dort als männliches Wesen auftritt, unter anderem «listenreich» genannt wird. Das trifft nun auf das nachgemachte Götterkind in der nordischen Tatsachenwelt nicht zu. Sie ist nicht listig, sondern körperstark, kein Odysseus, sondern ein Achill. Schnell gewachsen, überragt sie anfänglich die Jungen und Mädchen der Klasse und nimmt es mit den Stärksten auf. «Schmeling» rufen die Mitschüler den fäusteschwingenden Backfisch. «Loki schlug zu, wenn in den unteren Klassen Konflikte der ‹inneren Führung› auszutragen waren.» (Helmut C. H. Pleß)[40]

Sie nennt die Freundschaft mit Helmut, die schon in der Sexta begonnen hat (ein Foto von einem Kindergeburtstag 1929 beweist es), rein äußerlich «ein bißchen kurios: der Kleinste und die Längste!»[41]. Die Größenunterschiede glichen sich dann an; sie verhielt, er holte auf.

Sehr unterschiedlich waren auch die Zeiteinflüsse auf beide. Im Beam-

1932

tenhaus Schmidt wurde die Weltwirtschaftskrise weniger erlitten als im Handwerkerhaus Glaser, wo das Gespenst der Arbeitslosigkeit leibhaftig umging. «Am schlimmsten war, wenn unsere Mutter weinte, weil wirklich kein Pfennig mehr im Hause war.» [42] Die erste Wohnung war 28 Quadratmeter groß. «Helmut hat sie noch kennengelernt und war entsetzt.» [43] Sechs Personen wohnten darin, denn Hannelore Glaser wuchs mit drei Geschwistern auf,

Die Lichtwark-Schule in Hamburg. Architekt: Fritz Schumacher

Aus den Kindern wurden Jugendliche mit erwachenden gegenseitigen Gefühlen. Allerdings gingen sie von der Schule ab, ohne daß eine Lebensbindung schon als wahrscheinlich gelten konnte, weder in ihren Augen noch in denen der Umgebung. Übrigens geschah dieser Abgang nicht zeitgleich. Die männlichen Klassenmitglieder wurden schon Anfang 1937 nach acht Oberschuljahren (bis dahin galten neun) ins Abitur geschickt, weil der Führer und Reichskanzler des Deutschen Reiches an seine künftigen Feldzüge dachte. Die Jungen sollten möglichst rasch dem Arbeits- und Wehrdienst zugeführt werden. So machten sie ein halbes Jahr vor den Mädchen Abitur – welches auf einer anderen Schule abgenommen wurde.

Die Lichtwark-Schule wurde nämlich in der bisherigen Weise nicht fortgeführt. Sie änderte den Namen und schaffte die Koedukation ab. Die Nazis empfanden die eigenständige Kulturgesinnung, die hier heimisch geworden war, als Fremdkörper in ihrem Erziehungsprogramm und tilgten sie daher aus der pädagogischen Landschaft. Daß jener Geist nicht nach dem Krieg unter dem alten Inbegriff rehabilitiert worden ist, bleibt ein schwer verständliches Versäumnis der Freien und Hansestadt, zumal der langjährige sozialdemokratische Schulsenator der Nachkriegsjahre, Heinrich Landahl, die Lichtwark-Schule selber geleitet hatte.

Der Abiturient Helmut Schmidt verabschiedete sich mit einem hochansehnlichen Zeugnis. In Deutsch («Gut» und «Sehr gut») wurde ihm «reifes Verständnis und eigenes Urteil» bescheinigt; in Geschichte lautete die Zensur «Sehr gut»; in der Musik wurden «Begabung und Leistung sehr gut» genannt; im Sport hieß die Bewertung: «Seine Mitarbeit und sein kameradschaftliches Verhalten sind tadellos. Leistungen sehr gut. Anmerkung: Sportabzeichen und Grundschein der DLRG (Deutsche Lebensrettungs-Gesellschaft).»[44] Dies sind nur die Hauptsachen. Kein einziges Fach zeigt weniger als «gute» oder «erfreuliche» Ergebnisse. So wurde er «ins Leben» entlassen.

Soldat unter Hitler

Für einen Abiturienten des Jahrgangs 1937 konnte die Zeitlage nicht ungünstiger sein. Nach dem halbjährigen Arbeitsdienst mit seiner *geradezu dämlich-aufdringlichen politischen Schulung*[45] und den zwei Jahren Wehrpflicht bei der Flakartillerie in Bremen-Vegesack brach der Krieg aus. Das erwünschte Studium der Architektur zu beginnen, mußte sich der Wachtmeister (Feldwebel) der Reserve aus dem Sinn schlagen. Er behielt gleich die Uniform an zum Zwecke der Luftverteidigung Bremens. Noch war die deutsche Luftwaffe überlegen und die britische erst im Aufbau. Abgesehen von nächtlichen Störangriffen seit 1940 blieb der Himmel über Deutschland noch ziemlich feindfrei. Hatte der neunzehn- und zwanzigjährige Wehrpflichtige sich bei der Luftwaffen-Ausbildung gegenüber dem Arbeitsdienst *fast wie in einer Oase* gefühlt[46], so wurden diese Eindrücke eines relativ bequemen Kommißbetriebs also auch jetzt kaum verwischt, indes die Altersgenossen schon Blitzkriege führten.

Für den verlängerten Halbfrieden mußte der Leutnant Schmidt aber vom Sommer 1941 an nachzahlen. Mit einer Leichten Flakabteilung im Verband der 1. Panzerdivision kam er zum Einsatz nach Rußland. Die Division marschierte zuerst im Nordabschnitt vor bis nach Leningrad und wurde im Herbst in den Mittelabschnitt geworfen, als es galt, noch vor dem Wintereinbruch Moskau zu erobern. Der jahreszeitlich zu spät angesetzte Angriff, die Unterschätzung der klimatischen Widrigkeiten und

Ausbildung in Vegesack, Frühjahr 1938. Helmut Schmidt 4. v. r.

der sowjetischen Abwehrkraft – alles das führte in die Katastrophe des Winters 1941/42, die Schmidts Flakeinheit südöstlich von Tula erlebte, besser: erlitt.

Nach 32 Jahren befreite er einige seiner Erinnerungen aus den Verliesen des tieferen Bewußtseins, als der sowjetische Parteichef Breschnew bei seinem Bonn-Besuch 1973 von Bundeskanzler Brandt zu einem Abendessen geladen war, unter Teilnahme auch des Bundesfinanzministers Schmidt. *Im Laufe des Abends geriet Breschnew... in einen Monolog über die Leiden der Völker der Sowjetunion während des Zweiten Weltkrieges... Ich selbst dachte bei Breschnews Schilderungen an meine eigene Kriegszeit, die inzwischen mehr als drei Jahrzehnte zurücklag. Ich erinnerte mich an den Geruch im brennenden Sytschewka, an die Leichen an den Straßenrändern; meine Batterie hatte immer wieder Befehl bekommen, mit 2-cm-Flakgeschützen die Dörfer in Brand zu schießen, um feindliche Widerstandsnester an den Dorfrändern auszuräuchern. Ich erinnerte mich an mein verständnisloses Entsetzen, als ich einmal in einem rückwärts gelegenen Versorgungsstützpunkt die unmenschlichen Bedingungen eines Gefangenentransportes erlebte... Ich erinnerte mich an unsere eigenen Ängste; an mein tiefes Erschrecken über die grauenhaften Schreie eines an einer schweren Unterleibsverwundung sterbenden Kameraden. Aus dem Vergessen stieg wieder meine panische Angst, als wir im Dezember 1941 bei Klin abgeschnitten und eingekesselt waren und uns die Gefangenschaft bevorzustehen schien. Breschnew hatte recht: Der Krieg war schrecklich gewesen, und wir Deutschen hatten ihn in sein Land getragen.*[47]

Aber der Zuhörer wehrte sich innerlich dagegen, daß der Generalsekretär die ehemaligen deutschen Soldaten summarisch als «Faschisten» einordnete und sie damit unterschiedslos kriminalisierte; habe man doch *auf beiden Seiten geglaubt, seinem Vaterlande dienen und es verteidigen zu müssen*[48]. Diese Gedanken formten sich ihm zu einer Erwiderung, die der Gast ruhig anhörte und den Kanzler nicht störte, obwohl – seltsame Konstellation – Brandt in diesem Austausch bitterer Erinnerungen im Grunde «im anderen Lager» stand: als der Emigrant, dessen eigenes Leben von den Deutschen bedroht gewesen war.

Ich räumte ein, wie sehr Breschnew im Recht sei, aber ich widersprach dem Wort von den faschistischen Soldaten... Während meiner acht Jahre in der Wehrmacht hatte ich in der Tat keinen einzigen überzeugten Nationalsozialisten als Vorgesetzten oder Kommandeur gehabt. Wohl aber war ich zum Patrioten erzogen worden. Ich erinnerte Breschnew an jene Offiziere, die einerseits als Patrioten gegen den Feind, andererseits aber gegen Hitler gekämpft hatten... Ich sprach vom Sterben in den zerbombten Städten, vom Elend auf der Flucht und während der Vertreibung; davon, daß wir an der Front oft wochenlang nicht wußten, ob unsere Eltern, Frauen und Kinder zu Hause noch lebten. Während wir nachts Hitler und den Krieg verfluchten, erfüllten wir tagsüber als Soldaten unsere Pflicht. Ich machte unseren sowjetischen Gästen die Schizophrenie deutlich, in der wir jungen deutschen Soldaten den Krieg durchgestanden und durchgelitten hatten.[49]

Der Austausch von Bitterkeiten der Vergangenheit, ohne Beschönigung, aber auch ohne Abwehr beim jeweiligen Zuhörer – dieses Gewährenlassen auch bei zum Teil kontroverser Sichtweise hat nach Schmidts Worten wesentlich zum gegenseitigen Respekt beigetragen. Achtung bestimmte das Verhältnis beider Politiker über die folgenden neun Jahre hin, bis sie jeder auf andere Weise die Staatsbühne räumten: Der eine starb, den anderen hinderte der Zerfall der sozialliberalen Koalition nach achteinhalb Kanzlerjahren am Weiterregieren. An der unvorhersehbaren Kontaktnahme ihrer Erinnerungen – in diesem unkalkulierbaren Moment menschlicher Begegnung frei vom Formelwesen diplomatischen small talks und zweiseitiger Absprachen – erwies sich ein weiteres Mal die unersetzbare Bedeutung des Persönlichen und Atmosphärischen im Geschäft der Politik. «Verhältnisse» üben ihre unbestreitbare Macht, ihre Zwänge, doch die darin Handelnden beeinflussen auch in den Republiken in beträchtlichem Maße die Beziehungen im Nationenverkehr. Wie die Staatsmänner «miteinander können» oder nicht, wirkt nach wie vor

Als Leutnant der Luftwaffe, Frühjahr 1940

ebnend oder hemmend, hilft Hindernisse zu überwinden oder blockiert
Fortschritte. Vollmechanisierte Politik wird es niemals geben; zu Wohl
und Wehe bleibt der Mensch darin das bestimmende Element.

Übrigens bat der Generalsekretär der KPdSU den Bundesfinanzmini-
ster, der hatte mithelfen müssen, sein Land zu verwüsten, bei seinem Besuch im Mai 1973 in einer handschriftlichen Notiz um «Bewilligung zu-
sätzlicher Mittel, damit wir weitertrinken können»[50] . . .

Helmut Schmidts Zwiespalt in seiner Soldatenzeit ist deutlich hervor-
getreten, und es war der Spannungsdruck so vieler: . . . *einerseits zu wis-*

sen, daß man sein Land verteidigen muß, was wir ja auch taten und willig taten, und andererseits zu wissen, daß jeder Tag und jede Woche, um die auf diese Weise die endgültige Niederlage hinausgezogen wurde, doch nur der Verlängerung eines letztlich eindeutig zu verurteilenden Regimes galt.[51]

Die kommende Niederlage ist dem Leutnant spätestens zu Beginn des Rußland-Feldzugs unausweichlich erschienen. *Ich erinnerte mich an Napoleons Zug nach Moskau, an seinen katastrophalen Rückmarsch; die Weiten Rußlands erschienen mir unüberwindlich.*[52] Diese Einsicht der Frontgeneration war leider in der deutschen Politik der Nachkriegszeit nicht nutzbar zu machen, damals, als es so dringend erforderlich gewesen wäre. Nie wäre einer wie dieser Rußland-Geschädigte in den fünfziger Jahren der hybriden Vorstellung verfallen, man könne das ungeheure Gebilde Sowjetunion durch Druck und Drohung nötigen, seine weit vorgeschobenen territorialen Bastionen aufzugeben und eine Neugestaltung Ostmitteleuropas im Sinne der militärisch-politischen Leitgedanken der westlichen Allianz hinzunehmen. Konrad Adenauer hatte nicht die Nöte der Kriegsgeneration durchlebt (andere Nöte dafür genug), aber auch nicht ihre Leidenserfahrungen in der Einschätzung von Größenverhältnissen als politischen Gewinn einbringen können. Uns wären in den fünfziger Jahren ebenso viele politische Irrtümer erspart geblieben wie militärische in den Vierzigern, wenn deutsche Politiker (viele von ihnen) ein realistischeres Verhältnis zu den Dimensionen des Globus besäßen.

In dem als Vaterlandspflicht empfundenen Militärdienst war es natürlich nicht gleichgültig, in welcher Position man den Krieg zu überleben suchte. Manche Annehmlichkeiten waren dem Offizier vergönnt. *Ich wollte nie Offizier werden, aber ich nahm es natürlich gerne hin, daß die mich befördert haben. Dagegen hatte ich gar nichts einzuwenden.*[53]

Der Luftwaffen-Offizier im Erdeinsatz, der den schweren ersten Rußland-Winter samt der Einkesselung bei Klin heil überstanden hatte, begegnete im Januar 1942 seiner Klassenfreundin Loki wieder. Schon einige Jahre lang hatten beide, die bis in den Krieg hinein nur locker befreundet gewesen waren, einander viel geschrieben. Hannelore Glaser hatte indessen als Lehrerin für Volks- und Realschulen zu arbeiten begonnen. Das ersehnte Biologiestudium – sie besaß seit den Kinderjahren eine leidenschaftliche Liebe zur Botanik – war aus finanziellen Gründen nicht möglich gewesen.

Nun, da der Heimkehrer eingetroffen war, beschlossen beide, möglichst bald zu heiraten. Loki: «Mein Schwiegervater hatte Bedenken, weil Helmut keinen Beruf hatte. Oberleutnant der Reserve reichte ihm nicht. Nun ja, aber wir waren schließlich erwachsen. Wir sollten uns wenigstens verloben, meinten Helmuts Eltern. Wir verlobten uns im April, und im Juni heirateten wir.»[54]

Das wäre in normalen Zeiten – oder sogar in «normalen» Kriegen –

Hochzeitsbild, 27. Juni 1942

allein eine Frage beiderseitiger Selbstbestimmung gewesen, abhängig allenfalls von der elterlichen Zustimmung, falls die Mündigkeit noch nicht erreicht war. Hier aber redete der rassenbesessene Staat mit dem Verlangen hinein, daß ein «Ariernachweis» beizubringen sei. Indirekt hatte dafür Schmidts Vater Gustav vorgesorgt. Ihm war schon im April 1933, durch das Gesetz «zur Wiederherstellung des Berufsbeamtentums» (sprich: auf «arischer» Grundlage), solch Nachweis abgenötigt worden. Damals hatte sich seine uneheliche Geburt als Vorteil erwiesen. Dem Studienrat war im Staatsarchiv eine Bescheinigung mit dem Vermerk «Vater unbekannt» ausgestellt worden. Der Verdacht, daß es ein Jude sein könne, war nicht aufgekommen. Gustav Schmidt blieb Beamter, und sein Sohn fuhr neun Jahre später mit dieser Bescheinigung zu seinem Kommandeur nach Bonn.

Warum dorthin? Er war inzwischen zum Referenten für Ausbildungsvorschriften der Leichten Flakartillerie ins Reichsluftfahrtministerium nach Berlin abkommandiert worden und der zuständige Vorgesetzte residierte auf dem Venusberg am Rhein. Für den ganz speziellen Zweck, zu dem der Verlobte ihn besuchte, war das ein beziehungsvoller Name; schließlich heißt die römische Göttin, die latinisierte Aphrodite, wörtlich übersetzt: Liebeswonne. Oberstleutnant Andersen zeigte sich dem Sinnbezug gewachsen. Als der junge Offizier ihm erklärte, von seinem Großvater wisse er leider nichts, hier aber habe er ein Papier mitgebracht, da schaute der Kommandeur nur flüchtig hin und befahl seinem Adjutanten: «Machen Sie eine Bescheinigung, daß der arische Nachweis erbracht ist.» *Stempel drauf mit Hakenkreuz – das war 'ne fabelhafte Sache.*[55]

An Rhein und Ruhr wütete schon der Luftkrieg, wie der Flakartillerist bedrückt erkennen mußte. Die britischen Nachtangriffe gewannen von 1942 an massives Ausmaß. Die deutsche Flak, selbst die schwere 8,8 mit ihrem dumpfen Dröhnen, bedeutete keinen Hinderungsgrund mehr, ganze Städte in Schutt zu verwandeln, ebensowenig wie die aufopferungsvolle Nachtjagdwaffe. Das einzige durchschlagende Abwehrinstrument, die in Deutschland entwickelte Boden-Luft-Rakete, kam nicht zum Zuge. Nach den Memoiren des Rüstungsministers Speer war die Rakete produktionsreif, doch Hitler setzte damals noch auf Angriffswaffen. So wurde Deutschland mit der Zeit am Himmel fast wehrlos.

Im Juli 1943, bevor Hamburg zerbombt wurde, fuhr Loki in den Schulferien nach Rerik an der mecklenburgischen Ostseeküste, wo ihr Mann gerade einen Lehrgang absolvierte. Da brachen die furchtbaren Angriffe über die Hansestadt herein. Ganze Stadtteile wurden zur Trümmerwüste, besonders Arbeiterviertel, weil die britische Luftkriegsführung von der irrigen Annahme ausging, daß dadurch die handarbeitende Bevölkerung gegen das Regime aufgebracht und Deutschland in die Knie gezwungen werde. Die Verkennung der Mechanismen der Diktatur bezahlte England mit 39 000 Mann Verlusten unter den Flugbesatzungen, die deutsche Zivilbevölkerung mit 500 000 Toten, davon 42 000 allein bei den drei schwersten Angriffen auf Hamburg.

«Hamburgs Schicksal war entsetzlich. Morgens war es in Mecklenburg so dunkel wie im Winter, die Sonne schien dunkelrot. Es war gespenstisch. Helmut gelang es, nach Hamburg durchzukommen und festzustellen, daß unsere Eltern lebten.»[56]

Helmut Schmidt mußte zurück nach Berlin. Dort saß er also in einem der Machtzentren des Dritten Reiches, wenngleich in untergeordneter Position und zu einer Zeit, da der Einfluß des morphiumabhängigen Reichsmarschalls im Führungszirkel des Regimes deutlich abgesunken war. Dennoch: Schmidt hat *dadurch mehr Einblick gekriegt... in manche Dinge, als man an der Front hat kriegen können, und auch mehr gehört*[57].

In welchem Ausmaß? Selbst für wache und hellhörige Zeitgenossen galt, daß sie von vielen geheimgehaltenen Vorgängen nichts oder nur Bruchstückhaftes wußten. Beachtenswert die Auskunft der dem Widerstand nahestehenden Berliner Journalistin Ursula von Kardorff, daß sie erst im Dezember 1944 andeutungsweise mit dem Namen Auschwitz bekanntgeworden sei. «Wir wußten viel, aber das ganze Ausmaß ahnten wir nicht.»[58] So etwa dürfte auch der Grad der Einblicknahme des rangniedrigen Offiziers Helmut Schmidt einzuschätzen sein.

Zumindest seine Schlußfolgerungen aus eigenem und fremdem Erleben reichten weit. *Meine Frau und ich und einige Freunde, die dazugehörten, haben während des Krieges, insbesondere in den letzten Kriegsjahren, eigentlich gar keinen Zweifel mehr daran gehabt, daß das alles in einem schrecklichen äußeren, inneren und moralischen Zusammenbruch enden würde.*[59]

Um das «Danach» sorgten sich nicht nur die Patrioten; auch die Witzigen dachten schon weit voraus. Vielleicht wurde dem Oberleutnant in Görings Ministerium auch d i e s e r Witz hinter vorgehaltener Hand erzählt: Göring sagt zu Goebbels, wenn der Krieg zu Ende sei, möchte er endlich einmal eine Fahrradtour durch ganz Deutschland unternehmen. – Goebbels: Und was machen wir am Nachmittag?

Sehr wenig zum Scherzen war dem Ausbildungsreferenten allerdings zumute, als er im September 1944, sieben Wochen nach dem Attentat auf Hitler, an einer Sitzung des Volksgerichtshofs teilnehmen mußte. Die Behörden und Wehrmachtsdienststellen hatten Zuhörer zu entsenden, um die Angeklagten auch noch dem gerechten Volkszorn ins Auge blicken zu lassen, nicht nur dem Gericht; umgekehrt, um diesen Teilnehmern vorzuführen, wie mit den Feinden des Volkes abgerechnet wurde.

Da saßen sie nun, jeder zwischen zwei Polizisten, jene Männer, die dem ehrlosen Ruhm der deutschen Eroberungskriege die ruhmlose Ehre des Gewissens entgegenzustellen versucht, die den Verrat der Moral mit der Moral des Verrats beantwortet hatten. Verrat kann einem sittlichen Zweck dienen, durchaus; dann nämlich, wenn fortdauernder Gehorsam erkennbar dem Unrecht dient. Diese Auffassung hat tiefreichende Wurzeln im deutschen Rechtsbewußtsein. Die mittelalterliche Gefolgschaft war stets Treue auf Gegenseitigkeit gewesen. Untreue des Lehnsherrn entband von der Ergebenheitspflicht des Lehensträgers, wodurch Widerstand erlaubt, ja geboten war. Im altdeutschen Sinne war Hitler der Lehnsherr, welcher seine Verpflichtung zum Wohltun gebrochen hatte.

Roland Freisler

Gewiß, nicht jeder konnte daraus Konsequenzen ziehen. Widerstand unter Bedingungen einer Diktatur (die das Mittelalter nicht gekannt hatte), verbunden mit höchster Lebensgefahr für den sich Auflehnenden, setzte eine besondere Charakterdisposition voraus. 34 Jahre nach seinen Erlebniseindrücken von der Prozeßführung Roland Freislers zitierte Bundeskanzler Schmidt in der Kölner Synagoge einen Satz von Martin Buber: *Mein der Schwäche des Menschen kundiges Herz weigert sich, meinen Nächsten deswegen zu verdammen, weil er es nicht über sich vermocht hat, Märtyrer zu werden.*[60]

Daß aber einige Tausend doch bereit gewesen waren, es zu sein, bleibt ein unvergängliches sittliches Verdienst inmitten des namenlosen moralischen Verfalls jener Jahre. An diesem Septembertag wurde gegen fünf von ihnen verhandelt: Carl Goerdeler, Ulrich von Hassell, Paul Lejeune-Jung, Wilhelm Leuschner, Joseph Wirmer. In den Gestapo-Verhören nicht selten mißhandelt, mindestens durch Schlafentzug, waren sie körperlich und geistig nur Schatten ihres eigentlichen Selbst, und manche Stimme kam etwas gepreßt angesichts der tobenden Abrechnungsjustiz des Präsidenten, aber kein Gesinnungskleinmut schlich sich ein ungeachtet des sicheren Todesurteils.

Die archivalische Pedanterie in den zwölf Jahren, die tausend währen sollten, hat viele Verhandlungsszenen des Volksgerichtshofs bewahrt: die phonstarken Triumphgebärden des Vorsitzenden, der seine Paragraphenschlingen wie Lassos schleudert nach dem Wurmgezücht, dem ehrlosen... Selbst dem Propagandaminister Goebbels erschien diese schon akustisch niederwalzende Verhandlungsführung nicht passend für die eigentlich geplante filmische Vorführung im Volk.

Wie der Zuhörer Helmut Schmidt gedacht hat, erfahren wir aus einem erst unlängst wiederaufgefundenen Brief, den er im Juni 1946 an Ulrich von Hassells Witwe Ilse geschrieben hat. Die ganze *Prozedur* sei *ausschließlich auf menschliche Entwürdigung und seelische Vernichtung abgestellt* gewesen. Die Verhandlung, die *aller Prozeßordnung Hohn sprach*, nennt Schmidt *eine einzige Schaustellung Freislers, der dabei Goebbelssche Intelligenz und demagogische Zungenfertigkeit mit dem Jargon des Pöbels vereinigte.* Ulrich von Hassell habe kaum einen Satz vollenden können, ohne daß ihn Freisler in der verletzendsten Form unterbrach. Daraufhin habe er es vorgezogen, *zu schweigen und alle Beschimpfungen und Anklagen mit unerhörter Beherrschung an sich abgleiten zu lassen.* Schmidt spricht von der *schlechthin vorbildlichen Haltung* des Angeklagten[61], welcher in seltsamem Zusammenspiel seines datierbaren Geschicks am 8. September 1914 an der Marnefront einen Herzschuß überlebt hatte und auf den Tag genau 30 Jahre später am Galgen starb, nicht vom äußeren Feind ums Leben gebracht, sondern vom inneren.

1944 war die Reichshauptstadt wegen der schweren Luftangriffe einer der bedrohtesten Aufenthaltsorte in Deutschland. Das Luftfahrtministerium wurde nach Bernau verlegt, wie zum Hohn auf seinen unfähig gewordenen Chef. Schmidts hausten zunächst in einem Raum von 6 Quadratmetern, kamen dann in einer Gutsarbeiterwohnung mit zwei Zimmern und einer Küche unter. Die Zweiergemeinschaft erweiterte sich zur Familie: durch die Geburt des Sohnes Helmut-Walter am 26. Juni, also noch eine Weile vor jenem abstoßenden Gerichtstag. Bis in den Herbst hinein blieben alle drei zusammen. Dann mußte der Vater wieder an die Front. Seine Frau erzählt:

«Er war im Ministerium gefährdet, infolge gewisser kritischer Äußerungen, die ihm jemand verübelt hatte. Ein General, der ihm wohlwollte, sorgte dafür, daß er eiligst an die Front versetzt wurde, um ihn so dem Zugriff der Gestapo zu entziehen. Die Folgen des 20. Juli drohten.»[62]

War es wieder «das Meckern» gewesen? Hatte er, der ewig Unangepaßte, wieder «dummes Zeug» geredet? Er selber würde seine Gefährdung keineswegs auf betonte Oppositionshaltung zurückführen, sich nicht ein Verhalten gutschreiben lassen wollen, das ihn in die Nähe des Gewissensaufstands, des lebensgefährlichen Widerstands rückt; soweit ging es nicht. Aber die Grenzen der Lebensgefahr waren hier flie-

*Ulrich von Hassell (2. v. r.) und Paul Lejeune-Jung auf der Anklagebank des Volks-
gerichtshofs, 1944*

ßend. Schon manches lockere Wort, ja die Weitergabe von Witzen,
konnte, in falsche Ohren geraten, zum höchst bedrohlichen Vorwurf der
«Wehrkraftzersetzung» führen.

Helmut Schmidt hatte also Glück, bei aller Relativität dieses Aus-
drucks. Aus der Gefahrenzone des Kriegsgerichts genommen zu sein,
bedeutete doch nichts anderes, als dafür in die Schlachtenszene einzu-
tauchen. Da Hitler im Spätherbst die völlig realitätsentrückte Ardennen-
Offensive vorbereiten ließ – wohl aus seiner Meldegänger-Erfahrung des
Jahres 1918 mit den letzten herkulischen Anstrengungen, die Front der
Alliierten aufzubrechen –, wurden westlich des Rheins massierte An-
griffskräfte zusammengezogen. Wer zu jener Zeit wieder hinausgeschickt
wurde, als an den Ostgrenzen des Reiches die trügerische Ruhe vor dem
großen Sturm herrschte, kam fast zwangsläufig in den Westen.

In den verlustreichen Kämpfen geschah dem Oberleutnant nichts, aber
sein Sohn Helmut-Walter, den sie «Moritz» nannten, starb im (noch)
friedlichen Bernau mit sieben Monaten an Hirnhautentzündung. «Und
Antibiotika gab es damals noch nicht», kommentiert die Mutter. «Der
Junge war gerade in einem Alter, wo Kinder so niedlich werden.» [63]

Inzwischen war die sowjetische Großoffensive an der Weichsel und in

41

Von Loki Schmidt gezeichnete Geburtsanzeige für den Sohn Helmut-Walter

Ostpreußen losgebrochen und hatte bei klirrendem Frost Teile des deutschen Ostens überrannt unter heute nicht mehr vorstellbaren Drangsalen für die Bevölkerung. Hannelore Schmidt zog es vor, den Hamburger Vorposten Bernau zu räumen und nach Hause zurückzukehren. Drei Tage dauerte die Fahrt, unter Tieffliegerbeschuß.

Der Ehemann empfing inmitten der Wirren der westlichen Front einen Brief mit der Mitteilung, «daß unser Moritz tot ist»[64]. Noch waren die Auflösungserscheinungen im westlichen Reich nicht derart, daß die Militärbürokratie versagte: Todesfall war ein Urlaubsgrund, und Helmut Schmidt fuhr nach Hamburg. Dorthin war inzwischen jener General – von Rantzau hieß er – versetzt worden, der den unvorsichtigen Flakartilleristen aus der Schußlinie des Kriegsgerichts gezogen hatte. Abermals bewies er seine Wohlgesonnenheit. Die beiden wollten das Grab des Kindes besuchen. Der Uniformträger, mit Urlaubsschein: kein Problem. Die Ehefrau aber, ohne Uniform? Die Gegend zwischen Berlin und der Oder war quasi schon Frontgebiet. Der General, so Loki Schmidt, «sagte zu mir: ‹Wir können Sie höchstens als Luftwaffen-Helferin einsetzen und reisen lassen.› Er fragte seinen Adjutanten: ‹Was passiert, wenn es rauskommt?› Der Adjutant erwiderte: ‹Das kostet den Kopf, Herr General.› – ‹Tja›, sagte der General, ‹dann machen wir es so.› Wir besuchten das Grab, packten einen Koffer voll mit wichtigsten Sachen aus unserer Wohnung und reisten zurück nach Hamburg. Helmut fuhr von hier wieder an die Front im Westen irgendwo in Deutschland».[65]

Gleich nach Kriegsende – ein Glücksfall inmitten millionenfacher Ungewißheit – gelangte ein durch etliche Landserhosentaschen gewanderter Zettel in Lokis Hände mit der Information: *Ich lebe und bin in Gefangenschaft.*[66] Der Verfasser dieser Zeilen war im April in der Lüneburger Heide von den Engländern entwaffnet worden. Schon am letzten Augusttag kam er nach Hause, «furchtbar abgemagert, nur ein Strich in der Landschaft»[67]. Am 1. September 1945, sechs Jahre nach Kriegsbeginn, kehrte der entlassene Soldat, der sich den Endsieg fast noch schlimmer vorgestellt hatte, ins Zivilleben zurück.

Ein Heimkehrer findet sein Weltbild

Der sechsundzwanzigjährige Frühheimkehrer war nicht orientierungslos, als er sich in das Neuland einer uniformlosen Selbstverantwortung vortastete. In der Zwischenzeit seit der Gefangennahme war etwas geschehen, die Grundlegung eines politischen Weltbildes. Solche Versuche hatten schon beim Hitlerjungen Schmidt, dann beim Arbeitsdienst die Indoktrinäre des NS-Systems unternommen. Im Elternhaus waren diese Bemühungen aus den erwähnten Gründen nicht unterstützt, doch war ihnen aus Vorsicht auch nicht entgegengearbeitet worden. Das hatte dann der Krieg von ganz allein besorgt, zuletzt der Volksgerichtshof. So kam es, daß die wichtigen Entwicklungsjahre nur mit negativen politischen Assoziationen angefüllt worden waren. Der junge Mensch, über die Mitte Zwanzig hinaus, besaß natürlich einen Wertekanon, und die hauptsächlichen Tugenden darunter waren solche, die nicht dafür konnten, daß sie einem Unrechtssystem gedient hatten: Disziplin, Selbstkontrolle, Sich-nicht-unterkriegen-Lassen, Pflichterfüllung. Darüber hinaus besaß er die hochzuschätzenden kulturellen Mitgaben seiner Lehrerschaft. Aber im Überpersönlichen gab es bisher keinen Sinnbestand und -gehalt, nur ausbaufähige Bereitschaft. Ohnehin war Deutschland ein einziges großes weltanschauliches Sanierungsgebiet. Und dann fiel in die Leerräume seiner geistigen Wohnstatt das Licht der Sozialdemokratie.

Ich bin in der Gefangenschaft Sozialdemokrat geworden unter dem Einfluß älterer Offiziere, darunter Oberstleutnant Hans Bohnenkamp. *Und da spielt das Kriegserlebnis eine große Rolle... Heute klingt es für manche Ohren gar nicht sehr angenehm, wenn ich sage, daß für mich das Erlebnis der Kameradschaft im Kriege einer der Werte ist – bei vielen schlimmen Dingen, die man auch mitgebracht hat aus dem Krieg –, die ich glaube mitgebracht zu haben. Der Maxime der Kameradschaft liegt – und das entdeckte ich mit vielen meiner Kameraden gemeinsam – die gleiche sittliche Grundhaltung im Verhältnis zu anderen zugrunde wie dem Solidaritätsprinzip der Sozialisten.*[68]

Das erlebte Qualitätsmerkmal der Kameradschaft im Krieg öffnete ihm also den Blick für das analoge Gütezeichen der Solidarität im Frieden. Was jene den Soldaten in den militärischen Existenzlagen zweier Weltkriege bedeutete, hatte diese in den wirtschaftlichen Notsituationen des Kaiserreichs bewirkt, ebenso in den politischen der Ächtung und Verfolgung, zuletzt 1933 und danach. So zog Schmidt eine Verbindungslinie. Nicht intellektuell abwägend, womöglich Vorteil suchend, stieß er zur Sozialdemokratie, sondern aus einer Lebenserfahrung heraus.

Ja, die Solidarität fand ich sehr attraktiv. Das Streben nach sozialer Gerechtigkeit, das ist für mich von ganz großer Bedeutung; das ist ja Erbteil der Sozialdemokraten aus dem vorigen Jahrhundert. Die Sozialdemokratie hat ja nicht mit dem Marxismus angefangen. Sie hat angefangen mit der Solidarität von Proletariern, die sich nur gemeinsam gegen die Ausbeutung wehren konnten.[69]

Im Rückblick weiß Schmidt, daß es für ihn damals gar keine Wahl gegeben habe; daß für ihn keine andere Partei in Frage kam. Aber die genauen Inhalte mußte er sich i n n e r h a l b der Partei erst suchen. Schließlich mischte sich hier allerlei. Offiziell war sie noch immer marxistisch, wenngleich demokratisch-marxistisch im Gegensatz zur KPD mit ihrem diktatorischen Zentralismus. Aber was hieß «demokratisch» konkret? *Wer nur fünf Jahre älter war, der hatte immerhin vor 1933 noch genug Demokratie miterlebt, um geistige Anknüpfungspunkte oder Vergleichsmöglichkeiten zu besitzen.*[70] Die entfielen hier. So viel jedenfalls war seinem vom Krieg ernüchterten Sinn schon damals bewußt: Er konnte sich nur für einen Sozialismus erwärmen, der hier und jetzt die Welt zu verbessern suchte und nicht utopischen Heilsvorstellungen anhing. Auch das klassenkämpferische Element war seinem Lebenshintergrund fremd.

Lassalle war immer meine Leitfigur, niemals Marx. Wenn ich fünfzig Jahre älter gewesen wäre, dann wäre ich ein Lassalleaner gewesen. Und für mich enthielt die Partei eben auch den Julius Leber, den Friedrich Ebert, alle diese großen Figuren der Weimarer Zeit. Ich würde für mich behaupten wollen: Meine Linie ist Lassalle, Bernstein, Friedrich Ebert – für mich eine ganz große, tragische Figur.[71]

Man wird bei diesen Sätzen des Jahres 1988 die Zeitschichten der persönlichen geistigen Entwicklung auseinanderhalten müssen. «Die großen Figuren der Weimarer Zeit», die «enthielt» die Partei für ihn noch nicht im Gefangenenlager; das waren erst Wachstumsprozesse. Denn von der Republik erinnerte er doch nur das späte Siechtum, und gerade das war nicht von den hier Genannten – soweit sie noch gelebt hatten – sonderlich gekennzeichnet gewesen. Julius Leber gewann sein wirkliches Profil erst

Ferdinand Lassalle, 1864

im deutschen Widerstand, wovon die meisten 1945 noch gar nichts wußten; Eduard Bernstein, gestorben 1932, war ideologisch eher ein Mann der Jahrhundertwende, als sein sozialreformerischer Revisionismus gegen die Orthodoxie auftrat und sie, bei äußerer Niederlage, doch in Wahrheit langsam und erfolgreich unterwanderte.

Alle diese Namen waren mehr oder weniger historisch geworden. Aber jetzt, 1945, stieg am sozialdemokratischen Parteihimmel ein Komet auf: Kurt Schumacher. Während sein späterer Kontrahent Adenauer von der Kommunalpolitik im zertrümmerten Köln ausgefüllt wurde, danach erst sein Wirkungsfeld in der neuen CDU aufbauen mußte, war die alte SPD fast aus dem Stand wieder da. Und sie konnte mit der Würde auftreten, als einzige Partei das Ermächtigungsgesetz des Jahres 1933 abgelehnt zu haben – abgesehen von der KPD, die es auch getan hätte, wenn ihre Abgeordneten noch stimmberechtigt gewesen wären.

Kurt Schumacher im Gespräch mit Hamburger Studenten, 1946

Schumacher war für mich überzeugend, weil er moralisch glaubwürdig war. Der ist aus ähnlichen Gründen nach dem Ersten Weltkrieg Sozialdemokrat geworden wie ich nach dem Zweiten. Der Impetus kam aus der Einsicht in die Notwendigkeit der sozialen Gerechtigkeit.[72] Neben dem sozialen Aspekt würdigt Schmidt bei ihm auch den nationalen. Ihm sei wohl zu allermeist zu danken, *daß in dem politischen und geistigen Chaos der Nachkriegszeit wir Deutsche unsere Identität als Nation nicht auch gleich mit auf den Kehrichthaufen der Geschichte geworfen haben; daß wir die Idee des Rechtes auf Freiheit und Selbstbestimmung unseres ganzen Volkes nicht verloren*[73].

Schumachers eiserne Energie triumphierte über seine Leiden. Der Erste Weltkrieg hatte ihn den rechten Arm gekostet, Hitlers KZ den Körper so mitgenommen, daß bald auch das linke Bein amputiert werden mußte. Schumacher war geradezu ein Sinnbild des durch die Kriege und die Diktatur so tiefgreifend beschädigten Deutschland.

1918 hatte Eduard Bernstein an die alte Parteigemeinschaft appelliert – vergeblich. 1945 dachte Kurt Schumacher gar nicht daran, das gleiche zu tun. Der antikommunistische Sozialist in Hannover hatte schon bald erkannt, daß die Sozialdemokraten in der Sowjetzone nicht lange eigenständig bleiben würden, denn: «Nachdem ihre [der KPD] Hoffnung, sich als führende Arbeiterpartei zu etablieren, von den Tatsachen so völlig unmöglich gemacht wird, muß sie nach dem großen Blutspender suchen. Das Rezept ist die Einheitspartei.»[74] So sprach er sich für getrennte Wege der westdeutschen Sozialdemokraten und der SPD im Osten aus, zum Kummer Otto Grotewohls, ihres dortigen Repräsentanten. Nicht lange, und Grotewohl kapitulierte mit dem «symbolischen Händedruck» gegenüber Wilhelm Pieck, Walter Ulbricht und den Sowjets und gab die längst unterhöhlte Eigenständigkeit der Ost-Berliner und Ostzonen-SPD auf.

Schumachers scharfe Abgrenzung gegenüber der KPD, Ausdruck langen, unwiderruflichen Auseinanderlebens zweier sozialistischer Grundansichten, kam der Vernunfthaltung des sozialdemokratischen Neulings Schmidt entgegen. Natürlich habe er damals «ein bißchen» Marx gelesen, aber das habe ihn alles nicht interessiert, und er sei dann sehr schnell einer der Gegner der ideologischen Restbestände des Marxismus in der SPD geworden. Hier bestanden auch nicht schwerwiegende Verträglichkeitsprobleme. Er fand viele Sozialdemokraten, die genauso dachten, fand vor allem ein Vorbild im Hamburger Ersten Bürgermeister: *Max Brauer, das war die große Figur hier in Hamburg, der war kein Marxist. Für mich ist er der Prototyp des Sozialdemokraten. Und Paul Nevermann und Adolf Schönfelder – das waren gestandene Sozis, Sozialpolitiker von Gesinnung, keine Utopisten.*[75]

Nein, für Helmut Schmidt lagen die Schwierigkeiten, zugehörig zu werden, zunächst einmal woanders: im Herkommen, und das ganz wörtlich. Er kam soeben aus Hitlers Wehrmacht – daß er nicht freiwillig darin gewesen, änderte rein optisch nichts – und wendete sich nun, buchstäblich noch in Uniform, im Gefangenenlager einer Partei zu, welche an ihrer Spitze einen Mann besaß, der schwerversehrt aus Hitlers Lagern gekommen war. Die übrigen Führungsmitglieder kehrten aus der Emigration zurück; viele «kleine» Sozialdemokraten hatten schwere Jahre hinter sich. Unproblematisch war sie nicht, diese Parteigemeinschaft des Neulings, der 1946 SPD-Mitglied wurde, und der Verfolgten. Noch nach Jahren hörte er aus den Reihen der SPD den Vorwurf: «Helmut Schmidt hat seinen Sozialismus im Offizierskasino gelernt.»[76] Das stimmte nun aus dem einfachen Grund nicht, weil es 1945 dergleichen nicht mehr gab. Aber in der falschen Behauptung schwang Distanziertheit mit, welche vordergründig wohl dem forschen und mitunter arrogant wirkenden Tonfall seiner Debattenbeiträge galt, worin man durchaus den Offizier von früher erkennen konnte.

Im tieferen Grund spricht jene frühe Äußerung für ein Fremdverhältnis, das der SPD-Politiker Schmidt nie völlig überwand: wohl auf Grund seiner innersten Eigenständigkeit. Diese setzt seinem Bindungsvermögen gegenüber jeder Gruppe oder Partei Grenzen. Man wird nicht behaupten

Parteitagskundgebung der SPD in Hamburg, 1950. Ganz rechts Max Brauer; sitzend (v. l.) Erich Ollenhauer, Franz Neumann, Kurt Schumacher; hinter Neumann Annemarie Renger

können, daß er in ihr geradezu eine Heimat und Existenzform gefunden habe. Es gibt die politischen Einzelkämpfer, die im Parteienstaat zwar die tragende und stützende Organisation finden, sie hinter sich und neben sich wissen, die auch die Diskussion benötigen, um führen zu können, die aber doch ihren Tatwillen gehemmt sehen durch die mühsamen Prozesse der Meinungsbildung in den unterschiedlichen Beschlußorganen. Und es gibt die Parteipolitiker, die so in das Kollektiv, den Apparat und sein Flechtwerk eingebunden erscheinen, daß man sie sich als politische Individualität kaum vergegenwärtigt. Der erste Typus verkörpert das personale Prinzip, der zweite das kollegiale; jener trägt Züge des Autoritären, dieser lebt aus der Vielheit, dem Kollektiv.

Im Sinne solcher Zuordnungen ist es bezeichnend, wenn Helmut Schmidt einmal in einem Interview den Stoßseufzer tat: *Man braucht bestimmt weit mehr als die Hälfte seiner Zeit und seiner Arbeitskraft, vielleicht zwei Drittel, um die Zustimmung von Gremien und Ausschüssen, die Zustimmung des Bundestages, die Zustimmung der öffentlichen Meinung zu erreichen für Entscheidungen, die man für sich selbst bereits getroffen hat.*[77]

Nicht nur die Partei, so geht aus den Worten hervor, «hält auf» bei der Umsetzung von Absichten in Tatsachen, aber sie tut es zu einem maßgeblichen Prozentanteil. Kummervolle Formulierungen wie die hier zitierte sind für den entschlußfreudigen Willensmenschen, den Schmidt am deutlichsten seit Adenauer vertritt, verständlich; dem anderen, ihm gegenübergestellten politischen Naturell würden sie nicht so leicht über die Lippen und in die Feder geraten.

Aus allem ist aber ebenso zu verstehen, daß die SPD nie gewisse Vorbehalte gegenüber ihrem Mitglied Schmidt ablegen konnte. Er hat die «Solidarität» gewiß nicht nur am Anfang hochgehalten, hat sie ernst genommen im Sinne von Verläßlichkeit, Beistand, Zueinanderstehen und Füreinander-da-Sein. Aber sie reichte nicht bis zum Aufgehen in der Partei. Parteiliche Nestwärme hat er wohl nie benötigt, nicht gesucht und daher nicht gefunden. Er war kein Mann der «Basis», des einflußreichen Fußvolks. Und diese nicht zu unterschätzende Stimmen- und Stimmungsmacht hat ihm ganz zuletzt die Gefolgschaft versagt, die Solidarität verweigert. Schmidt scheiterte nur äußerlich an der umschwenkenden FDP, im tieferen an der eigenen Partei. Dabei spielt natürlich mit hinein, daß die Sozialdemokratie lange nach Godesberg in Teilen stark re-ideologisiert wurde und daß der unerbittliche Realist die Träume von der «ganz anderen Gesellschaft» nicht mitträumen konnte.

Aus dem Alltag der Parteiarbeit

Hamburger Rathaus,
Mai 1946

Aber das greift weit voraus. Wir stehen im Spätsommer 1945, und Helmut Schmidt ist in seine zerbombte Vaterstadt zurückgekehrt. Die Kriegsehe mit der ständig nagenden Sorge um den Partner – eine nicht nur einseitige Angst! – durfte in ihre zivile Bewährung hinüberwechseln. Da-

bei wurde das herkömmliche Rollenverständnis zunächst einmal umge-
dreht. Die Lehrerin Loki ernährte ihren Mann. Hannelore verdiente, damit Helmut studieren konnte. Darin lag ausgleichende Gerechtigkeit. Altersmäßig gleichauf, hatten die beiden ihre Bildungsentwicklung nicht

Fritz Schumacher

parallel weiterführen können. Der sechsundzwanzigjährige Ex-Offizier war immer noch Abiturient, mehr nicht. Die Gefährtin hatte wenigstens, wenn nicht ihr botanisches Wunschstudium, so doch das pädagogische Brotstudium hinter sich bringen können und schon mehrere Jahre unterrichtet; er hatte nur Waffen bedienen gelernt. Solch Vergleich konnte deprimieren. Also: Verlust der Jahre – Jahre des Verlusts?

Nein, ganz einfach umkehren ließ sich die Formel nicht. Manches war heimgebracht worden, was nicht gering zählte, nur anderen Stellenwert besaß. Menschen in Extremlagen «bekennen Farbe», negative wie vorteilhafte Charakterzüge werden herausgepreßt. Der Frontsoldat lernt nicht nur Menschen kennen; er muß sich auch fortwährend unerwarteten Problemlagen gewachsen zeigen und entwickelt darin eine Beweglichkeit, wie er sie sich in der gemächlicheren Gangart normaler Berufsbewährung so schnell nicht aneignen kann und oftmals gar nicht. Und von den weitreichenden politischen Erträgen durch Helmut Schmidts unfreiwilligen Rußland-Aufenthalt wurde schon gesprochen.

Natürlich sind das alles keine meßbaren Gewinne, wenn man eine Nutzen-Kosten-Bilanz von achteinhalb Zwangsjahren im Militär aufmachen will. Hinzugefügt sei aber auch, daß es bei anderen weit üblere Buchführungsergebnisse zu nennen gibt: zum Beispiel viele Jahre russischer Gefangenschaft.

Wie hat der leichter davongekommene Oberleutnant Schmidt die geopferten Jahre auf seinem Lebenskonto verbucht? Er bietet den Anschein, daß die große Zeiteinbuße auf seinem Ausbildungsweg, ungeachtet andersartigen Nutzens, sein Tiefenbewußtsein nachhaltig belastet hat. Wer den mit zunehmendem Alter von immer stärkerem Tätigkeitsdrang erfüllten, ja arbeitswütig wirkenden Politiker und Staatsmann vor Augen hat, kann sich schwer dem Eindruck entziehen, daß er immer noch das ungestillte Aktivitätsverlangen der frühen Jahre zu sättigen suchte. Der besessene Staatsarbeiter gilt als Synonym für Fleiß, Energie, Robustheit, Fachkompetenz. Wieviel von diesen Qualitäten ist von dem Trauma freigesetzt worden, aufholen, nachholen, einholen zu müssen?

Seltsame Gleichartigkeit: Auch Schmidt hatte ein Wunschstudium im Blick, das er nicht ausführen konnte, und führte aus, was er sich nicht gewünscht hatte. Statt der Architektur wurde es die Volkswirtschaft.

Nach eigenen Worten hatte er, seit er vierzehn Jahre alt gewesen, sich vorgestellt, Architekt zu werden, wobei er den Beruf ideal zusammengesetzt sah einerseits aus dem Bau von Häusern, andererseits aus dem Planen einer wachsenden Stadt. *Mein großes Ideal während meiner Schulzeit und auch während meiner Soldatenzeit war Fritz Schumacher, damals hamburgischer Oberbaudirektor; das war die Oberste Instanz hier in der Stadt für das Baugeschehen. Schumacher,* Gestalter der Lichtwark-Schule, *hat in Hamburg den Klinkerbau wieder zum Leben erweckt.*

Nun jedoch: *Architektur hätte ich nur studieren können, wenn ich auf die nächste Technische Hochschule – Braunschweig oder Hannover – gegangen wäre* (mit dem subjektiv empfundenen Mangel, daß dort die Kunst fehlte, anders als in München oder Wien, seinen Studienzielen vor dem Krieg). *Ich wollte mich von meiner Frau aber nicht noch mal wieder trennen. Infolgedessen kam nur ein Brotstudium in Frage, eines, das man so schnell wie möglich erledigen konnte. Das war der Grund für die Volkswirtschaft.*[78]

Niemand wird bezweifeln, daß diese Studienrichtung für einen politischen Berufsweg sehr nützlich sei und daß sie für die Laufbahn gerade dieses Politikers wichtige Grundlagen gelegt habe. Nicht nur in der Bundesrepublik wurde Schmidt später zum anerkannten Fachmann in Wirtschaftsfragen; im ganzen westlichen Bündnis galten sein Rat und Urteil darin als wichtig. Um so überraschender, daß er nicht aufgehört hat, seinem einstigen Wunschberuf nachzutrauern. 1980 antwortete der Kanzler auf die Frage im «FAZ»-Fragebogen: «Ihr größter Fehler?»: *Das Lebensziel Städtebauer aufgegeben zu haben.*[79]

Hat nicht der alternative Lebensweg ihn viel höher getragen, als dies einem Baumeister selbst unter den bedeutenden von Rang und Namen naturgemäß möglich ist? Kann jemand, der den Nanga Parbat bestiegen hat, beklagen, daß er leider nie die Zugspitze erklommen habe? Anscheinend doch. Denn selbst der Einwand: «Nun sind Sie Baumeister am Staat geworden, ist das nicht auch etwas?» beeindruckt ihn nicht sonderlich. *Ich sage ja nicht, daß das nichts ist, aber ein gewisses Bedauern ist immer nachgeblieben.*[80]

Man wird eine vielschichtige Persönlichkeit nie auf einen Nenner bringen, und es wäre daher billig, sie mit eigenen Worten in die Enge treiben zu wollen. Natürlich gibt es bei Helmut Schmidt Äußerungen, die seinen subjektiv «größten Fehler» bis zur Unerkennbarkeit abmildern. Schon für die frühen fünfziger Jahre hat er von sich gesagt: *Aber inzwischen hatte mich die Politik längst mit Haut und Haaren gepackt;* und im gleichen Zusammenhang: *Jemand kann so von der Politik gepackt werden, daß er sie nicht wieder lassen mag.*[81] Vor solchem Bekenntnis wagt man nicht, in der Architektur das versäumte Glück dingfest zu machen. Stets ist auch in Rechnung zu stellen, daß Äußerungen von der Gemütslage des Augenblicks abhängig sein können – aber nun stehen sie auf Dauer gedruckt. Im Frühjahr 1980, als jene irritierende Antwort in der Zeitung stand, war Schmidt gerade von einem Besuch bei Präsident Carter zurückgekommen – voller Uneinigkeit, durch glättende Kommuniqués mühsam verschleiert. Da konnten ihn, zumal im Wahlkampf, schon Anwandlungen beschleichen, wieviel friedlicher ein «ganz anderer» Lebensweg gewesen wäre ...

Ein Student der Nationalökonomie also, nicht jener der gewünschten Architektur. Während er seine Pflichtvorlesungen und -seminare wahrnahm, erhielt er auch Einblick in die Rechts- und Staatswissenschaften. Was britische und amerikanische Demokratie ist: Hier erfaßte er wohl erstmals theoretisch etwas von ihrem Wesen. Das geistige Klima ingesamt war aufgeschlossen, fruchtbar, duldsam (nach all den Zwängen). *Niemals haben wir seither eine so dichte Folge engagierter und doch zugleich toleranter Diskussionen erlebt wie in den drei Jahren zwischen Kriegsende und Währungsreform ... Wir waren erfüllt vom ungekannten Abenteuer geistigen Nicht-eingeengt-Seins, von der Suche nach einem neuen Deutschland, und wir genossen zum ersten Male im Leben die Wohltat der Meinungsfreiheit.*[82]

Der geistige Hunger war enorm, vor allem nach der bisher vorenthaltenen Literatur. Nach den langen Jahren der Dürre wurde sie in Deutschland begierig aufgenommen. *Jetzt endlich konnte meine Generation, dank Ernst Rowohlts Buchausgaben in Rotationsdruck und Zeitungsformat, die moderne Literatur des Auslands lesen.* Unter anderen nennt er Theodore

Hauptgebäude der Universität Hamburg, 1950

Dreiser, Upton Sinclair, William Faulkner, Thomas Wolfe, William Saroyan, Ernest Hemingway, John Steinbeck. *Ich war hingerissen von der Fülle und von der Kraft.*[83] Und wenn die beiden jungen Eheleute es sich *irgend leisten konnten,* gingen sie zu Ida Ehre in die Kammerspiele, *ein kleines, kaltes Theaterchen in der Hartungstraße,* und sahen sich die zeitgenössischen Stücke, zumeist des Auslands, an.[84]

Heute leiden die Studenten unter der Überfülle in den Hörsälen, Seminaren, Laboratorien und Bibliotheken. Damals litten sie darunter, daß ihre geistige Nahrung nicht durch körperliche ergänzt wurde; daß sie in ungeheizten Räumen leben und arbeiten mußten, in beschädigten Instituten, mit Bücherbeständen, die der Bombenkrieg dezimiert hatte. In einer beliebig herausgegriffenen «Zuteilungsperiode» Ende des Jahres 1947 in Hamburg empfing «Otto Normalverbraucher» (also der Hungerkünstler der Nachkriegszeit ohne die Sonderzulagen für Kleinkinder, werdende und stillende Mütter, Schwer- und Schwerstarbeiter) wöchentlich 2500 Gramm Brot, 100 Gramm Fleisch oder Wurst, 100 Gramm Fett, 250 Gramm Nährmittel, einen Liter entrahmte Frischmilch, 125 Gramm Kaffee-Ersatz. Obst und Gemüse gehörten nicht zu den bewilligten Rationen, obwohl sich das «Alte Land» mit seinen großen Anbaugebieten vor der Stadt dehnte. Kartoffeln wurden zur Zeit gerade nicht aufgerufen, weil die Lieferungen ausgeblieben waren...

Der werdende homo politicus Schmidt, bezeichnend, hielt sich nicht bei den Alltagssorgen auf, sondern machte sich Gedanken um eine Universitätsreform. In einem Mitteilungsblatt der Hamburger SPD im Oktober 1948 – immerhin ging es nach der Hungerzeit schon aufwärts – stellte er einen Katalog von Forderungen auf, deren erste gleich herausspüren läßt, daß sie vom persönlichen Erleben diktiert worden ist. Seine Frau hatte aus Geldgründen nicht das Fach studieren dürfen, an dem ihr Herz hing. Entsprechend heißt es hier: *An der Spitze steht die alte sozialistische Forderung, daß jeder Begabte, ganz gleich, wie seine oder seiner Eltern wirtschaftliche Lage beschaffen sein möge, nicht nur das formale Recht zum Universitätsbesuch habe, sondern auch die finanzielle Möglichkeit dazu bekomme.* Der Autor hält fest an der *Hauptschleuse zur Universität*, dem Abitur, möchte aber für Begabte, die keine Oberschule besuchen können, *auch andere Zugangsmöglichkeiten praktisch benutzbar gemacht* sehen. Es ist der Ruf nach den Möglichkeiten des Zweiten Bildungswegs. Schließlich die Klage, daß der konservative, beharrende Charakter der deutschen Universitäten den jüngeren Dozenten nur einen geringen Einfluß auf die inneren Angelegenheiten gewähre. *Die Universitätsverfassungen müssen deshalb so umgebildet werden, daß die beharrenden Kräfte, welche bisher weithin das Feld beherrschen, auf die Rolle eines Gegengewichtes gegenüber den vorantreibenden Kräften beschränkt werden.*[85]

Zwanzig Jahre später, während der Studentenrebellion und der durch sie bewirkten Veränderungen, mag er sich gerade bei diesem letztgenannten Programmpunkt an seinen Vorstoß von einst erinnert haben. Befriedigt konnte er auch die anderen Forderungen erfüllt sehen. Wie immer jedoch wird beim Abschneiden alter Zöpfe auch das Haupthaar beschädigt. Das Universitätssystem unter dem Namen Humboldts, welches damals nach hundertfünfzigjähriger Vitalität entschlief, hat auch Vorzüge geboten, um deren Verlust es schade ist. Lag es doch wohl nicht zuletzt an den von den Achtundsechzigern so hartnäckig bekämpften autoritären Strukturen, daß die deutsche Universität seit dem 19. Jahrhundert Maßstäbe in der Wissenschaft gesetzt hatte und an Leistungsstärke in der Welt führend geworden war.

Jenes Universitätssystem, das auch die Nazijahre, bei starken Einbußen in der Autonomie, im Prinzip überdauert hatte und sich zunächst regenerierte im Gegensatz zu den Hochschulen in der Sowjetzone, sah also in seinem Lehr- und Lerngefüge einen unzufriedenen Studenten Schmidt. Gleichwohl hat er von der Alma mater hamburgensis das zum Diplom nötige Wissen eingesogen (und manches darüber hinaus) und mit einer Arbeit über den Vergleich zwischen der mißlungenen japanischen und geglückten deutschen Währungsreform abgeschlossen. Dichter am aktuellen Geschehen konnte eine Examensarbeit kaum sein, und Literatur dazu gab es daher noch kaum. Im Juni 1948 hatte Ludwig Erhard im Zusammenhang mit der von den Alliierten durchgeführten Währungsumstellung das Experiment der (weithin) freien Marktwirtschaft gewagt.

Mit Tochter Susanne, Juli 1948

Jetzt begann das wirtschaftliche Auseinanderleben der Westzonen und der Ostzone. Ein Witz, der damals gern erzählt wurde: Beide deutschen Staaten haben Karl Marx beerbt; wir bekamen das «Kapital», die Verwandten im Osten das Kommunistische Manifest...

Im späteren Stadium seines Studiengangs hatte Helmut Schmidt den Wirtschaftsprofessor Karl Schiller kennengelernt, *einen der besten Volkswirtschaftler, die Deutschland je hatte*[86]. Das Zusatzurteil, *eitel und schwierig*: hat es schon damals Umriß gewonnen oder erst später aus näherem Umgang? Aus Bismarcks Mund stammt das Wort, daß die Eitelkeit eine Hypothek sei, die man vom Wert eines Mannes abziehen müsse. Schmidt hat einen Nerv für diese Empfindlichkeit, schrieb er doch 1967

Karl Schiller, 1951

einmal, der Politiker habe *einen ganz trivialen, allzu menschlichen Feind täglich und stündlich in sich zu überwinden: die ganz gemeine Eitelkeit, die Todfeindin aller sachlichen Hingabe und aller Distanz*[87].

Gemessen daran ist der brillante Karl Schiller wohl eher an sich selber gescheitert als an widrigen äußeren Umständen. Damals aber war er eine gerade aufsteigende Größe nicht nur am akademischen Himmel. Er gehörte zu der seither vielköpfigen Schar von Hochschullehrern mit politischen Ambitionen. Der Breslauer vom Jahrgang 1911 wurde 1948, bereits ein Jahr nach seiner Berufung an die Universität Hamburg, Senator für Wirtschaft und Verkehr in der Hansestadt. Hamburg war noch nicht Bundesland, weil eine Bundesrepublik Deutschland noch nicht existierte; der Senator aber entsprach – und entspricht – dem Landesminister. Schiller, SPD-Mitglied seit 1946, holte den SPD-Parteifreund und Diplom-Volkswirt als Referenten in seine Behörde. Schmidt, der sich bisher schon parteipolitisch betätigt hatte, 1947 und 1948 auch als Vorsitzender des Sozialistischen Deutschen Studentenbundes, trat mit 30 Jahren in den Staatsdienst ein.

Der lange Aufstieg

Vor einem Modell des Hamburger Hafens in einem Schaukasten in Chicago stehen drei Repräsentanten der Hansestadt: der Senator für Wirtschaft und Verkehr, Karl Schiller, kamerabewußt und vom neuesten Modeschnitt, dessen Referent Helmut Schmidt, merkwürdig unkleidsam angezogen, mit viel zu langer Jacke, und der Hafendirektor Ernst Plate. Es ist das Jahr 1950. Alle drei sind nach Amerika gereist, um für Hamburg zu werben. Hamburg mit seinen schweren Zerstörungen auch und gerade im Hafen hat Hilfe nötig. Amerikanische Besucher kommen herbei und finden das Modell, finden die erteilten Auskünfte interessant, staunen nur ein bißchen, daß die Sowjets in Hamburg die Reise gestattet haben...

Schmidt, der nach der Heimkehr der beiden anderen noch weiterfuhr nach Duluth, Minnesota, zu Verwandten, sagte unter diesem Eindruck der Unkenntnis zu einem Interviewer, daß wir zu wenig voneinander wissen: *We don't know enough about each other.*[88] Das galt durchaus wechselseitig; war doch diesmal die Überraschung bei den Amerikanern, daß der Gast aus Deutschland von der Bedeutung dieses Hafenplatzes am Lake Superior keine Ahnung hatte. Hamburg, einer der größten Seeplätze Europas, war sogar in der Vorkriegszeit mit einem jährlichen Umschlagvolumen von 25 Millionen Tonnen bescheiden unter den 60 Millionen in Duluth zurückgeblieben. Und wer kennt schon jenen Ort am Oberen See?

Die klaffenden beiderseitigen Kenntnislücken und vereinfachenden Pauschalvorstellungen hatte Schmidt im Sinn, als er 1987 bemerkte: *Da wir, Amerikaner und Europäer, aufeinander angewiesen sind und bleiben, sollten wir auf beiden Seiten große Anstrengungen machen, uns besser kennenzulernen. Solange uns aber die deutschen Fernsehanstalten die amerikanischen Freunde... überwiegend als dekadente kapitalistische Clans in Dallas und Denver vorführen, und solange im amerikanischen Fernsehen die Deutschen größtenteils als Soldaten Hitlers oder sogar als Schergen der SS... gezeigt werden, solange wird das gegenseitige Verständnis immer wieder erschwert.*[89]

Auf der anderen Seite war der junge Deutsche, der Amerika lange nur im Zerrspiegel der Nazi-Propaganda gesehen hatte (als die transatlanti-

Mit Karl Schiller und Ernst Plate in Chicago, 1950

sche «Plutokratie»), entzückt über *diese herzerfrischende amerikanische Spontaneität und diese umwerfende Großzügigkeit*[90]. Sein Onkel, Besitzer einer kleinen Eisengießerei, hatte ihm angeboten, einfach dazubleiben und Loki nebst der kleinen Susanne, geboren 1947, nachzuholen. Aber: *Wir haben uns nicht entschließen können, Deutschland zu verlassen, obschon wir damals mit vier Familien in einer Vierzimmerwohnung ziemlich trostlos hausten.*[91]

Immerhin war die große Not im Westen Deutschlands vorbei, nicht zum wenigsten mit amerikanischer Hilfe. Der Reporter in Duluth verbreitete Schmidts dankbare Äußerung über die Marshallplan-Hilfe; und daß er sich schwer vorstellen könne, was ohne sie geschehen wäre: *It is hard to imagine what would have happened without Marshall plan aid.*[92]

Doch nicht nur der materielle Aspekt ließ ihn damals ein Bekenntnis zur westlichen Lebensordnung ablegen. Die Nachholkurse des Kriegsheimkehrers in Demokratie hatten Wirkung geübt. Die Deutschen, sprach er auf den Stenogrammblock des Interviewers, besäßen keine Lebensaussichten unter dem Kommunismus, sondern seien überzeugt, sie nur in enger Verbindung mit der westlichen Welt zu finden. *Their only chance is to live in close contact with the western world.*[93] Das war nicht nur die Höflichkeit des Gastes; es war die Stimme des überwältigenden Teils der Deutschen, soweit sie sich frei äußern konnten.

«Schmidt Schnauze»

Schillers «junger Mann» in der Wirtschafts- und Verkehrsbehörde, dem stadtstaatlichen Ministerium, glich durch Arbeitskraft und analytischen Verstand den altersmäßig späten Einstieg ins Berufsleben aus. Schon Anfang der fünfziger Jahre leitete er die wirtschaftspolitische Abteilung, seit 1952 das Amt für Verkehr. Auf dem zweitgenannten Posten beschäftigte ihn nicht nur der innerstädtische Verkehr, sondern der gesamte regionale wegen des untrennbaren Zusammenhangs mit dem wirtschaftlichen Gedeihen. Aus der alten Allgemeinerfahrung heraus, daß die Beschaffenheit des Verkehrs die Wirtschaft einer Region maßgeblich fördert oder hemmt, und der jungen Hamburger Sondererfahrung, daß seiner Elbeschiffahrt das Hinterland abgeschnitten war, erschien ihm der Schluß zwingend: *Die Verkehrspolitik bedarf einer volkswirtschaftlichen Konzeption.* Die *Koordination aller drei Binnenverkehrsträger*, Straße, Schiene, Wasserwege, sei ein dringliches Problem, weil eben zugleich *eine Beschäftigungs- und Existenzfrage für große Teile der produzierenden Wirtschaft der Bundesrepublik.*[94] Die damalige Bonner Verkehrspolitik in den Händen des (ungenannten) Bundesministers Hans-Christoph Seebohm von der Deutschen Partei hielt er für unharmonisiert, nicht bedarfsgerecht und ruinös.

In der Frühzeit der «Ära Adenauer» besaß Westdeutschland noch ein Millionenheer von Arbeitslosen – was im verklärenden Rückblick auf die Jahre raschen wirtschaftlichen Aufstiegs leicht übersehen wird. Schmidt brauchte daher nicht nach Themen zu suchen, als er sich 1953 bei der Kandidatur zur zweiten Bundestagswahl in seinem nördlichen Hamburger Wahlbezirk mit einem Werbeschreiben an die Haushalte wendete: *Für den Fall meiner Wahl werde ich mich zunächst auf die Verkehrspolitik konzentrieren... Gerade für Hamburg mit seinem von den alten Hinterlandverbindungen abgeschnittenen Hafen sind diese Aufgaben von lebenswichtiger Bedeutung.*[95]

Noch wußte der Kandidat nicht, daß er bei einem Verbleiben in Hamburg im selben Jahr einen neuen Behördenchef bekommen hätte: weil die nachfolgende Bürgerschaftswahl den SPD-Senat unter Max Brauer durch die rein «bürgerliche» Stadtregierung des CDU-Politikers Kurt Sieveking ablöste. Nicht dieser hansestädtische Regierungswechsel war also der Grund für den Versuch des Absprungs nach Bonn. Vielmehr hatte er in ehrenamtlicher Parteiarbeit viele Vorträge in Hamburg und im übrigen Norddeutschland gehalten, war als redegewandter, scharfzüngiger Vortragender und Debattierer aufgefallen. *Und so hatte es sich gefügt, daß mich mehrere Vorstände zugleich gefragt haben, ob ich in ihrem Bereich nicht für den Bundestag kandidieren würde. Mich hat das gereizt, und ich habe überhaupt keine Ahnung gehabt, wie sehr dieser Entschluß mein späteres Leben verändern würde.*[96]

Noch aber hatte der Name Schmidt wenig Resonanz im Wählerpublikum. Die Erststimme des Wahlkreises 18 – kleinbürgerlich und mittelständisch besiedelte Wohnbezirke in der Flughafen-Gegend – gewann der Freidemokrat Hermann Schäfer. Von den Hamburger Sozialdemokraten verfügte nur Herbert Wehner über einen Bekanntheitsgrad, der ihn eine Erststimme erobern ließ. Schmidt gelangte über die Landesliste an sechster und letzter Position in den Bundestag. (Erst vier Jahre darauf errang er ein Direktmandat.)

Ein politischer Geschwindläufer war er nicht, erinnert eher an den Bildvergleich verhaltener Gangart in einem berühmten Brief seines Landsmannes Matthias Claudius: «... die Pferde, die den Wagen mit Gütern hinter sich haben, gehen langsameren Schrittes.» Noch war Schmidt mehr ein Zieh- als ein Zugpferd, hatte auf dem langen, fünfundzwanzigjährigen An- und Aufstieg zur Endstation Kanzlerwahl nur eine neue Teilstrecke erreicht. Neugierig auf Abwechslung, trennte er sich anscheinend leicht von seiner bisherigen Tätigkeit. Gleichwohl schätzte er sie als wichtig genug ein, um das Lob auf die Nachkriegsleistungen der Hamburger SPD in ein zufriedenes «Wir» zu kleiden: *Wir haben in dieser Stadt anständige Arbeit geleistet nach 1945, prächtige Arbeit.*[97] Oder bezieht der Zeitraum «nach 1945» auch noch die Senatorenzeit in der Innenbehörde mit ein, 1961 bis 1965, insonderheit das Krisenjahr 1962? Da war die Eigenleistung allerdings aller Betonung wert.

Dazwischen lagen acht Jahre als Bundestagsabgeordneter, mehr, als daß man sagen könnte, er habe 1953 eine Fahrkarte «einmal Bonn und zurück» gelöst. Es waren acht Jahre einer Wochenend-Ehe. Die Familie wohnte seit 1952 in der ersten eigenen, abgeschlossenen Wohnung am Schwalbenplatz 16 in Barmbek. Von dort fuhr die Ehefrau morgens den nicht gerade kurzen Weg zur Schule in den Elbvorort Othmarschen. Später zogen Schmidts für einige Jahre dorthin und verlängerten dadurch die Nachtruhe der Lehrerin Loki.

Die Bundestagswahl von 1953 hatte der Erhardschen Marktpolitik, mit dem beginnenden «Wirtschaftswunder», ein eindrucksvolles Vertrauensvotum gebracht. Der Stimmenanteil der Union war von 31 auf 45,2 Prozent gestiegen, die SPD hatte sogar noch Wähler verloren (Rückgang von 29,2 auf 28,8 Prozent). Es war für die Sozialdemokraten, von heute her gesehen, der Tiefpunkt aller Nachkriegsergebnisse. Schumacher war gestorben; sein Nachfolger Erich Ollenhauer, redlich, verdient in der Exil-

«Steckbrief Helmut Schmidt», 1953 von ihm selbst geschrieben

arbeit der Partei, aber ganz ohne «Nerv» und Charisma, vermochte den Kanzler als Gegner nicht zu schrecken. Adenauers Probleme lagen zu der Zeit vielmehr in den erbitterten Auseinandersetzungen um die westdeutsche Wiederaufrüstung und die Lockungen beziehungsweise Drohungen von sowjetischer Seite hinsichtlich der Konsequenzen in der «deutschen Frage».

Für einen Bundestagsneuling mit dem verständlichen Drang nach eigenem Profil – denn: *ein erhebliches Mindestmaß an Ehrgeiz ist notwendig, wenn der Mann überhaupt etwas leisten soll*[98] – lag es nahe, sich an einem der Brennpunkte des parlamentarischen Meinungskampfs zu entfalten. Dazu gehörte zu jener Zeit besonders die Militärpolitik. Nun findet ein neuer Abgeordneter die möglichen Betätigungsfelder gewöhnlich mit ausgewiesenen Sachkennern besetzt; das war in diesem Fall der Wehrfachmann Erler. Aber: *Fritz Erler kümmerte sich schon mehr und mehr um Außenpolitik; ich habe damals sicherlich auch empfunden, daß hier ein offenes Feld war, eine Lücke sozusagen.* Er habe, so ergänzte er 1966 im Gaus-Interview die vorangegangene Äußerung, die *Lücke* auch noch im anderen Sinne schließen wollen, darin nämlich, *gemeinsam mit anderen die Partei aus einer zu stark emotionalen Betrachtung der Probleme* der Westbindung und Wiederbewaffnung *zu einer mehr rationalen, das heißt politischen Betrachtung hinzuführen*[99].

Wie ist das zu verstehen? Zwei Aufsätze aus dem folgenden Frühjahr 1954, ein halbes Jahr nach dem Beginn der parlamentarischen Arbeit des Hamburger Sozialdemokraten in Bonn, geben Aufschluß. In der SPD, die vom Hitler-Regime verfolgt worden war, bestanden starke Vorbehalte gegen eine neue deutsche Armee, zumal bei der Gewißheit, daß sie die Wiedervereinigung erschweren würde. Helmut Schmidt trennte den ersten Aspekt vom Gesichtspunkt der politischen Gegenwartslage und erinnerte seine eigene Partei daran, daß die SPD nicht im Prinzip wehrfeindlich sei. Schon das Erfurter Programm von 1891 habe ja eine «Erziehung zur allgemeinen Wehrhaftigkeit» gefordert: aus der Einsicht, *daß ein Staat ohne den Wehrwillen des Staatsvolkes auf die Dauer nur eine labile Existenz besitzen kann*[100]. Zugespitzt steht der Satz im Jahre 1954: *Früher oder später wird die Bundesrepublik in der einen oder anderen Form militärische Streitkräfte aufstellen. Das gilt auch für den Fall einer sozialdemokratischen Regierung oder Regierungsbeteiligung.*[101]

Dann folgt der Vorbehalt: Sobald die Alliierten dem Aufbau deutscher Streitkräfte zustimmen werden, werde Adenauer sie höchstwahrscheinlich *in dem gleichen überstürzten Tempo aufbauen wie er seine Außenpolitik führt.* Zu viele Fragen auch der inneren Struktur der künftigen Armee seien aber ganz ungeklärt. Insgesamt sei ein Verteidigungsbeitrag *unter den gegenwärtigen Voraussetzungen des zweigeteilten Deutschlands abzulehnen*[102].

Der SPD-Mann, der mit dem Ruf eines Verkehrssachverständigen nach Bonn gekommen war, wurde im Laufe der Jahre zu einem Wehrexperten der Opposition, arbeitete auch von Anbeginn in den entsprechenden Ausschüssen. Einen Teil seiner Energie zweigte er noch ab für den Ausschuß für Wirtschaftspolitik. Die Wehrfragen beschäftigten ihn um so stärker, je offenkundiger wurde, daß sie im Fortgang der fünfziger Jahre an Intensität nicht abnahmen. 1955 trat die Bundesrepublik der NATO

1957

bei, 1956 stellte die Bundeswehr ihre ersten Einheiten auf, und danach wurde die Atombewaffnung zur heftigsten Streitfrage.

In der frühen Nachkriegszeit war der «deutsche Militarismus» auf ewig verdammt worden. Die Tendenzen zur Wiederbewaffnung angesichts des Korea-Schocks von 1950 (durch den Überfall des kommunistisch regierten Nordkorea auf den Südteil des gespaltenen Landes) weckten eine, nach allem Vorangegangenen, höchst begreifliche Ohne-mich-Bewegung. Die Westdeutschen wollten sich lieber dem Besitzerwerben hinge-

Kundgebung der SPD, um 1957. Am Rednerpult: Erich Ollenhauer

ben und die blutigen Weltspiele anderen überlassen. Aber auch ein ge-
genläufiger Beweggrund bestimmte die deutsche Bewußtseinslage: eine
traumatische Furcht vor Sowjetrußland. Sie war zwar erst durch deutsche
Herausforderung eine solche geworden, aber sie war da und diktierte das
Handeln. Diese Furcht ließ die leidenschaftlichen Widerstände gegen die
Wiederbewaffnung allmählich erlahmen. Die Mehrheit dachte um und
bestätigte Adenauers Politik der bedingungslosen Westbindung (zu Lasten der Aussichten auf Wiedervereinigung) mit wachsenden Stimmen-
zahlen. Niemand kann beweisen, ob die Freiheit ohne Einheit in der Einheit ohne Freiheit ihre einzige Alternative gehabt hätte: in einem vom
Kommunismus unterwanderten, neutralisierten Gesamtdeutschland.
Eine Alternative stellte sich nicht infolge der Blockbildungen des Kalten
Krieges, und die westdeutsche Mehrheit fürchtete jedes Risiko. 1957 gewann Adenauer die Wahlen sogar mit einem Prozentanteil von 50,2, das
erste und einzige Mal, daß die Union in Bonn allein regieren konnte.

So war die Regierung in ihrem Entschluß, die Bundeswehr mit taktischen Atomwaffen auszustatten (unter amerikanischer Verfügungsge-
walt), parlamentarisch nicht zu behindern. Der Opposition, also der SPD
und jetzt auch der FDP, blieb nichts als heftigste Polemik. Auf dem rheto-
rischen Schlachtfeld im Bundestag focht im März 1958 der Abgeordnete

Schmidt mit bissigen Ausfällen; so, als er ausrief: *Wir sagen dem deutschen Volke in voller, ernster Überzeugung, daß der Entschluß, die beiden Teile unseres Vaterlandes mit atomaren Bomben gegeneinander zu bewaffnen, in der Geschichte einmal als genauso schwerwiegend und verhängnisvoll angesehen werden wird, wie es damals das Ermächtigungsgesetz für Hitler war.*[103] Besonders den Bundesverteidigungsminister Franz Josef Strauß und den Vorsitzenden des Verteidigungsausschusses, Richard Jaeger, attackierte er ungestüm: *...wenn Sie vom Abendland reden... meinen Sie die NATO, nichts als die NATO... Und wenn Sie von der Einigkeit der NATO reden, meinen Sie Atombomben für die Bundeswehr. Und wenn Sie von Atomwaffen für Ihre Bundeswehr sprechen, meinen Sie die militärische Macht, nichts als die Macht und die Macht um ihrer selbst willen.*[104]

Hielt Schmidt die Sache, um die es ging, schon allein für eine Gefahr, so erst recht den Mann, der in der Bundesregierung die militärische Schlüsselstellung besaß. Strauß sei mit seinen vorzüglichen Eigenschaften – Gedächtnis, rasche Auffassungsgabe, Bildung, Vitalität – leider *ausschließlich vom Gefühl, vom Impuls gesteuert... Ich glaube, der Verteidigungsminister ist ein gefährlicher Minister, gerade wegen seiner überragenden Fähigkeiten, meine Damen und Herren, ein gefährlicher Minister!*[105]

Verteidigungsminister Strauß bei einem Manöver, 1958

«Schmidt Schnauze» im Bundestag, 1958

Davon ist Schmidt auch später nicht abgerückt. Einer großen Zahl von Fähigkeiten stehe bei Strauß ein Mangel an Selbstkontrolle gegenüber, bestätigte er acht Jahre nach der Attacke von 1958; so daß man sich frage, ob er jedesmal vorher wisse, was er sagen werde. Schmidt nimmt gerade für sich selber in Anspruch, kontrolliert zu sein: *Das passiert mir niemals im Parlament, daß ich etwas anderes sage, als ich sagen will.*[106] Wenn er in seinen Reden reize, dann *aber ganz kühlen Sinnes*[107]. Die Schärfe der Auseinandersetzung von 1958 war daher gewiß auch vom inneren Widerstreit zweier Naturen bestimmt, über die sachlichen Gegensätze hinaus.

Der abschließende Ausruf, nicht nur an Strauß gerichtet: *Legen Sie endlich Ihren deutschen Größenwahn, Ihren deutschnationalen Größenwahn ab!*[108], endete in einer Kakophonie von wütenden Ausrufen der Unionsabgeordneten und der gegen den Tumult andringenden Glocke

Im selben Jahr: Oberleutnant der Reserve Helmut Schmidt bei einer Bundeswehr-Übung

des Bundestagspräsidenten Eugen Gerstenmaier. Die SPD-Fraktion empfing ihren Heimkehrer vom Podium mit Händedrücken, Schulterklopfen und stehendem Applaus. Für den Wehrexperten seiner Partei war der Tag so etwas wie ein Durchbruch in der Öffentlichkeit. Auch datiert aus jenen Tagen der Beiname «Schmidt Schnauze» als eine Replik des Bayern Richard Jaeger. Der Hamburger hielt den Schmeichelzuruf für nicht unverdient und verteidigte später Jaegers Urheberschaft betont gegenüber der irrtümlichen Zuweisung an einen Journalisten.

Für die SPD-Fraktion, die Schmidt als aufgehenden Stern am Parteihimmel betrachtete, war die Ernüchterung groß, als der vehemente Atomwaffengegner im Oktober desselben Jahres 1958 eine Wehrübung absolvierte, mit Beförderung zum Hauptmann der Reserve. Hatte man sich so in ihm geirrt? Man hatte ihn nur nicht richtig gelesen. Sein grundsätzliches Ja zu bundesdeutschen Streitkräften lag seit 1954 gedruckt vor; nur der Zeitpunkt, sie aufzustellen, war ihm nicht opportun erschienen. Nun war die Armee aber da, und Schmidt stellte sich dieser Tatsache ebenso wie die ganze SPD zwei Jahre danach. Zeitlich dazwischen, Ende 1959, war die Sozialdemokratie im Godesberger Programm vom Standort der Klassenpartei abgerückt, hatte sich dem Anspruch ihrer Pragmatiker unterworfen, die durchgescheuerten Fesseln des Marxismus endgültig abzustreifen und sich zur Volkspartei zu öffnen. So konnte – so mußte – Herbert Wehner 1960 die Grundbedingungen der Außen- und Sicherheitspolitik der Bundesrepublik auch für seine Partei als gegeben anerkennen. Nach zehnjährigem Wartestand erschien ihr das Ja mit Aussicht aufs Regieren attraktiver als das weitere Nein mit dauerhafter Opposition.

Allein, so schnell machte die Volksmehrheit mit ihrer traditionellen Reserviertheit gegenüber der großen Linkspartei die Wendung nicht mit. Trotz beachtlichen Sympathiezuwachses unter dem neuen Kanzlerkandidaten Willy Brandt (36,2 Prozent der Stimmen) besaßen Adenauer und Erhard noch zuviel Rückhalt im Wählervolk und obsiegten ungeachtet starker Verluste mit deutlichem Vorsprung (45,3 Prozent). Die SPD mußte sich auf mindestens vier weitere Jahre aktiver Wartezeit einrichten: in der Rolle der Kritik, Kontrolle und Kanzlerschelte.

Dem Wehrfachmann in ihren Reihen müssen quälende Bilder unabsehbarer Tatenlosigkeit vor Augen und Sinn gestanden haben. Wurde er nicht immer älter, während Altersgenossen Ministersitze innehatten, in Chefetagen saßen und zu Generalsrängen aufrückten? Der Stoßseufzer ist nachfühlbar: *Ich habe das einfach nicht mehr ausgehalten.*[109] So nimmt er Ende 1961 das Angebot an, das neugeschaffene Innenressort des Hamburger Senats zu übernehmen, mit dem Beginn einer neuen Legislaturperiode in der Hansestadt.

... diese großartige Synthese einer Stadt aus Atlantik und Alster, aus Buddenbrooks und Bebel, aus Leben und Lebenlassen. Ich liebe diese Stadt mit ihren kaum verhüllten Anglizismen in Form und Gebärden, mit ihrem zeremoniellen Traditionsstolz, ihrem kaufmännischen Pragmatismus und zugleich ihrer liebenswerten Provinzialität.

Aber ich liebe sie mit Wehmut, denn sie schläft, meine Schöne, sie träumt; sie ist eitel mit ihren Tugenden, ohne sie recht zu nutzen; sie genießt den heutigen Tag und scheint den morgigen für selbstverständlich zu halten – sie sonnt sich ein wenig zu selbstgefällig und läßt den lieben Gott einen guten Mann sein.[110]

Das sind Absätze aus einem Zeitungsartikel, der am 28. Juli 1962 in der Zeitung «Die Welt» erschien, anonym abgedruckt, mit drei Sternen. Schlafend, träumend, selbstgefällig: Mit welchem Ansinnen rüttelte der ungenannte Schreiber Schmidt an der schönen Schläferin? Er hat es schon angedeutet: damit sie sich auf ihre Tugenden besinne, auf ihre Fähigkeiten, ihre Welterfahrung, wie es denn in den weiteren Vorhaltungen heißt. Wer sei eher legitimiert, der deutschen Außenwirtschaftspolitik Ziel und Richtung zu weisen; wer habe größeren Sachverstand, um in der Entwicklungshilfe zu raten, wer kenne die Sorgen Englands und Skandinaviens besser, wenn es um das Zusammenspiel dieser Länder mit der europäischen Gemeinschaft gehe?

Bonn als deutsche Hauptstadt ist ein trauriger Witz, aber eine Realität. Bonn prägt Deutschland seit dreizehn Jahren – fast schon eine halbe Generation. Der Klüngel von Rhein und Ruhr macht sich breit in Deutschland. Berlin ist gelähmt, und Hamburg schweigt.[111] Obwohl ein Vorort geistiger Freiheit, eine Stadt des Liberalismus im weitesten Sinne, eine Pflanzschule der Demokratie, die hier nicht erst aufgepfropft zu werden brauchte, weil sie schon heimisch war: *Dieses Hamburg ist dabei, seine deutsche Aufgabe zu verkennen und zu verpassen.*[112]

Der «Drei-Sterne-Artikel» wurde heftig diskutiert. Auf die Verfasserschaft Schmidts tippte zunächst kaum einer, weil er seine Spuren sorgfältig verwischt hatte, ja die Suche bewußt in die falsche Richtung gelenkt: *Wenn ich nicht Berliner wäre,* so beginnt der Artikel nämlich, *so würde ich gern für immer in Hamburg bleiben wollen, vielleicht auch in München – aber wo sonst noch in Deutschland? In Frankfurt verdienen sie zu viel Geld, in Düsseldorf zeigen sie es außerdem noch, in Stuttgart sind sie mir zu eifrig und in Neu-Bonn zu aufgeblasen.*[113]

Im Mittelteil treibt er das Verwirrspiel weiter mit einer Variante, die auch nicht gerade geeignet war, den Verdacht auf ihn zu lenken. Er hält den Hanseaten vor, daß sie lieber unter sich verkehren, als ihre Pflichten in Bonn wahrzunehmen. *Nevermann begnügt sich damit, allseits geachteter Stadtvater zu bleiben; dabei könnte er ein politisch führender Geist der deutschen Sozialdemokratie sein. Schmidt war drauf und dran, es zu werden – aber er kehrte nach Hamburg zurück.*[114] Schmidt über Schmidt in der dritten Person – und im Ton des Vorwurfs, daß der Hamburger seine wichtige Bonner Mission zugunsten vaterstädtischer Anreize wieder aufgegeben habe. Da kommt so leicht keiner auf «richtige» Gedanken. Zu fragen ist nur: War es ehrlicher Zwiespalt oder nur eine zusätzliche kleine List der Irreführung, der Desinformation?

Daß Helmut Schmidt, dessen Urheberschaft erst nach dreieinhalb Jahren, Ende 1965, bekannt wurde, sich hier selber mit dem erhobenen Zeigefinger ein wenig die Leviten gelesen haben sollte, ist unwahrscheinlich. Denn fünf Monate vor Erscheinen des Artikels hatte dieser Mann in Hamburg eine Bewährungsprobe abgelegt, für die er in Bonn zur selben Zeit gar keine Möglichkeit und Einflußnahme gehabt hätte. Sein Renommee stieg in Hamburg und über die Hansestadt hinaus beträchtlich. Bedauern also darüber, daß man nicht in Bonn hamburgische Belange vertrat? Zu jenem Zeitpunkt jedenfalls waren Hamburgs Belange nirgends besser als an der Elbe zu vertreten. Bedauern darüber, daß man die Chance ausgeschlagen, ein führender Geist in der deutschen Sozialdemokratie zu werden? Schneller als durch souveränes Krisenmanagement in einer alten SPD-Metropole konnte man zu einem solchen führenden Geist gar nicht werden. Und Schmidt wußte es genau.

Wer exakt mißt, stellt fest, daß die Nordseehafenstadt Hamburg in Wahrheit näher an der Ostsee liegt. Von Cuxhaven her benötigen die Schiffe immerhin sechs Stunden, um zu den Kais der Hansestadt zu gelangen. Dort, wo im einstigen Urstromtal der Elbe ein Nordarm und ein Südarm ein Marschengebiet von ungefähr acht mal acht Kilometern Ausdehnung umgrenzen, wo sich an das verzweigte Hafengelände nach Süden hin tiefgelegene Siedlungsgebiete wie vor allem der Ort Wilhelmsburg anschließen – dort scheint die Gefahr vom Wasser her gering zu sein. Deiche begrenzen wohl den Inselteil Wilhelmsburg im Westen gegen die Fahrrinne «Reiherstieg» und im Norden gegen den «Spreehafen», aber wie harmlos schauen die Gewässer aus, vor denen die Erhöhungen schützen sollen! Über erdenkliche Zeiten hin war in Hamburg kein Wasserstand mehr gemessen worden, welcher für diese Stadtregion Gefahr bedeutet hatte; bis in der Schreckensnacht vom 16. zum 17. Februar 1962 der Beweis erbracht wurde, daß eine moderne Großstadt «sich gegen ein hundert Kilometer entferntes Randmeer des Ozeans so anfällig zeigte wie ein Pfahldorf der Primitiven» («Der Spiegel»)[115].

Am Morgen des 16. Februar, einem Freitag, erkannten sowohl die Meteorologen im Seewetteramt Hamburg wie die Tidespezialisten im Hydrographischen Institut, daß von einem starken Sturmtief aus nordwestlicher Richtung Gefahr ausgehe. Mit seinen Windstärken 10–12 trieb es Wassermassen gegen die Elbmündung. Um 8 Uhr 55 wurde behördenintern die Warnung «Sturmflut» ausgegeben, bei einem erwarteten Wasserstand in der kommenden Nacht von zwei Metern über dem mittleren Hochwasser. Das mittlere Hochwasser liegt 1,67 m über Null. Um 11 Uhr legte man auf die erwarteten zwei Meter schon einen halben drauf. Nicht lange und die Wasserstandsexperten rechneten bereits mit drei Metern über dem normalen mittleren Hochwasser. Eine Drei-Meter-Flut – das sind 4,67 m über Null   hatte es in diesem Jahrhundert in Hamburg noch nicht gegeben.

Als die eingehenden Daten im Lagezentrum des Hydrographischen Instituts am Abend die Gefahr der drei Meter erhärteten, hielt es der Sachverständige für Sturmflut, Walter Horn, für geboten, den Rundfunk zu benachrichtigen; denn niemand drang zur Abendzeit zu mehr Landesbewohnern vor als er. Nur: Zum Rundfunk selber vorzudringen war schwierig. Erst nach zwanzig Minuten telefonischer Unzuständigkeiten traf der Anrufer auf einen Redakteur der «Tagesschau» des NDR, welcher die Warnung in die nächste Nachrichtensendung einzubringen versprach. Im Mittelwellenprogramm des NDR-Hörfunks kam die Nachricht schon eher, um 20 Uhr 33. Der Sprecher unterbrach ein Symphonie-Konzert mit Haydns «Schöpfung», um zu verkünden, daß in der echten Schöpfung draußen Schlimmes drohe.

Aber er gab den dramatischen Befund in so undramatischem, nüchternem Routine-Stil der Wassermänner, daß kein Hamburger Hörer Angst bekam. Wer außer den Fachleuten, allenfalls noch den Bewohnern direkt am Deich, reagiert schon beunruhigt, wenn er vernimmt: «Für die gesamte deutsche Nordseeküste besteht die Gefahr einer sehr schweren Sturmflut. Das Nachthochwasser wird etwa drei Meter höher als das mittlere Hochwasser eintreten. Das folgende Mittagshochwasser wird nicht mehr so hoch eintreten.» [116]

Wenn die Hamburger aufgerüttelt werden sollten, dann war nicht leicht ein Text zu entwerfen, der dazu weniger geeignet war als dieser. Kein Wort von der Hansestadt selber – und Aussicht auf Rückgang der Fluthöhe. Die Tagesschau um 22 Uhr 15 sendete das gleiche Wiegenlied, nur daß das erwartete Hochwasser jetzt auf 3,50 m nach oben korrigiert war. Für jeden Eingeweihten mußte die Nachricht sensationell und höchst bedrohlich klingen. Aber in Wilhelmsburg wußte niemand, «daß er in einem Loch sitzt, das vollaufen kann», sah Walter Horn nachträglich ein. [117]

Wenigstens wurde jetzt bei den Behörden Alarmstufe III ausgelöst. Für die Schutzpolizei, Wasserschutzpolizei, Pioniere der Bundeswehr in Harburg, die Feuerwehr, Deichverbände, die Tiefbauabteilungen der wassernahen Stadtbezirke, die Hafenverwaltung, für das Technische Hilfswerk und das Rote Kreuz trat ein Einsatzplan in Kraft. Bei so detaillierter Checkliste, bis hin zur Bereitstellung von Schaufeln und Sandsäcken, verwundert lediglich, daß kein Krisenplaner bis dahin an die Hauptsache gedacht hatte: wie man die Bevölkerung durchdringend warnt. Böllerschüsse, die abgefeuert wurden, drangen zwar durch, aber nur mit dem Ergebnis, daß Dutzende Anrufer wissen wollten, was sie zu bedeuten haben. Andere dachten an ein Feuerwerk.

In Wahrheit tut das Wasser sein Werk. Heimlich schleichend naht der Feind, unsichtbar noch, selbst für die Kundigen vorerst nur als Zahlengespenst faßbar. Denn als von Cuxhaven her kurz nach Mitternacht die Nachricht von einem 3,60 m hohen Pegelstand eintrifft, muß in Hamburg auf Grund von Analogieschlüssen mit vier Metern gerechnet werden. Vier Meter bedeuten: 5,67 über Null. Bei solcher Fluthöhe werden die Deiche in Wilhelmsburg unweigerlich überspült. Während dort, in einer Ortslandschaft mit mehrstöckigen Neubauten, mit Laubenkolonien, vielen Behelfsheimen der Nachkriegszeit und Bauernhöfen, die letzten Krimifreunde schlafen gegangen sind, hat der Tod sich angesagt.

Bausenator Büch, zu Hause über die Lage unterrichtet, gibt sein Einverständnis, daß der Notstand erklärt werde. Das müßte die Evakuierung der gefährdeten Bewohner durch die Polizei zur Folge haben. Leider wird der zuständige Beamte im Polizeipräsidium nicht über die Deichbruchgefahr verständigt und die Räumung der Gefahrenzone unterbleibt. Überdies ruhen die Blicke der Polizei angestrengt auf der Innenstadt, wo das Wasser vom Hafen her ungehindert die Straßen überschwemmt, aufs Rathaus zu. Hier ist der Anschein schlimmer als die Gefahr, in Wilhelmsburg die Gefahr schlimmer als der Anschein; denn das Wasser steigt vorerst nur, strömt aber noch nicht. In der festen Innenstadt sind allenfalls Keller und Parterrelagen dem Wasser ausgesetzt, die Elbinsel hinter den Deichen ist aber tiefliegendes Marschland.

In der Nacht zum Sonnabend um 1 Uhr 15 wird als erster der Reiherstieg-Deich im Nordwesten überflutet. Das Chaos beginnt. «Also nahm das Gewässer überhand und wuchs sehr auf Erden. Da ging alles Fleisch unter, das auf Erden kriecht...» Die archaische Bildmacht des Alten Testaments wird von Vergleichsfällen in der modernen Zivilisation nicht außer Kraft gesetzt, ist übertragbar. Bedeutet doch die technisierte Verstädterung in Katastrophenfällen keinen Gewinn, sobald das Wasser über die Technik triumphiert. Sind nämlich die Kabelschächte ertrunken, so fällt die Stromversorgung aus. Ohne Strom meldet kein Telefon, wo Not ist, tickt kein Fernschreiber Hilfe herbei, arbeiten die elektrischen Wasserpumpen nicht. So steht das zunehmende Tempo der südhamburgischen Wassernot in umgekehrtem Verhältnis zum Kenntnisstand in den innerstädtischen Kommandozentralen. Vom und zum Katastrophengebiet gibt es buchstäblich keinen «Draht».

Ein Stadtteil kämpft ums nackte Leben. In Nachtgewändern flüchten Anwohner in der Dunkelheit auf die Dächer, wo sie zum Teil mitsamt ihren Unterkünften, der baulichen Nachkriegsware, davongespült werden. Andere klettern auf Bäume und ertrinken im Geäst. Man tritt aus der Tür und wird von schäumenden, bräunlichen Fluten weggerissen.

Sturmflut über Hamburg, Februar 1962: die Deiche sind gebrochen

Ein Schreberkolonist versucht die Familie zu retten und birgt einzig die Puppe seiner Tochter aus dem Untergang. Ein Junge wird oben im Haus in seiner Schlafkammer durch Lärm von unten geweckt, denkt, die anderen fünf Familienmitglieder seien beim Fernsehen so ausgelassen. «Die schrien so. Da habe ich mit dem Feuerhaken gegen den Fußboden geklopft. Da waren sie still.»[118]

Bilder der Flutkatastrophe, Februar 1962

Um Viertel vor vier steigt der Wasserstandsanzeiger an den St. Pauli-Landungsbrücken auf die noch nie erreichte Höhe von 5,70 m über Null (4,03 m über dem mittleren Hochwasser). In den tobenden Wassermassen der sonst so beschaulichen Elbinsel ertrinken in diesen Stunden 287 Bewohner, 6000 Kühe, Ochsen, Kälber, Schweine, 200 Pferde, 39000 Stück Federvieh. 5000 Wohnungen, 2000 Behelfsheime, 1000 landwirtschaftliche Anwesen werden zerstört.

Im Kampf ums Überleben, zum Teil aussichtslos von Anbeginn, vielfach mit nur gestundetem Tod, oft mit Hoffnungen in beklemmendster Lage, schleicht der Uhrzeiger auf den Morgen hin. Ein Ahnungsloser durchquert im Auto die DDR in Richtung Hamburg. Helmut Schmidt hat an einer Konferenz der Länder-Innenminister in Berlin teilgenommen und läßt sich noch vor Morgengrauen an seinem Reihenhaus im nordhamburgischen Langenhorn absetzen. Dort findet er die Alarmnachrichten vor und fährt sofort ins Polizeipräsidium. Ohne zu zögern, ohne zu fragen, ohne «Mandat» übernimmt er – bei immer noch äußerst unzulänglichem Überblick – das Kommando in der größten Krise der Stadt seit den

Julitagen 1943. Der Erste Bürgermeister Paul Nevermann weilt zur Kur in Bad Hofgastein. Der Zweite Bürgermeister Edgar Engelhard von der FDP kommt in Schmidts eigenem Rechenschaftsbericht nicht vor und wird auch in den maßgeblichen Reportagen nur in der bescheidenen Rolle gezeigt, den Bundespräsidenten Heinrich Lübke durchs Katastrophengebiet zu führen.

Es ist wie im Krieg in einem Armeehauptquartier, welches laufend Einzelmeldungen über schwere Feindeinbrüche empfängt, aber die Gesamtlage nur erahnen kann. Wie dort der Generaloberst improvisieren muß, mit dem Instinkt für möglichst wirkungsvolle Befehle zur Stabilisierung der Front, genauso verfährt der einstige Batteriechef Schmidt ohne die Lehrzeit in den höheren Stäben.

Zuallererst jagt er Fernschreiben hinaus nach Bonn an das Bundesverteidigungs-Ministerium sowie an die Befehlshaber der Wehrkreise Kiel und Hannover mit dem dringenden Ersuchen um Hubschrauber, Schlauchboote und Verstärkung an Pionieren. Als die Schlauchboote bald darauf im Einsatz versagen, weil sie allenthalben von Stacheldraht aufgeschlitzt werden wie die «Titanic» vom Eisberg, befiehlt der Senator Sturmboote herbei.

Bei der ersten Lagebesprechung des Katastrophenstabs um sieben Uhr – es ist Sonnabend, der 17. Februar – werden die vordringlichsten Versorgungshilfen eingeleitet: Zufuhr von Trinkwasser, Verpflegung, Wolldecken, Matratzen, Medikamenten. Viele Gefährdete gilt es noch zu retten (es werden 1130), viele Einwohner zu evakuieren (es werden

Krisensitzung im Hamburger Polizeihochhaus. Stehend Innensenator Helmut Schmidt, links von ihm Bürgermeister Paul Nevermann

17 800). 7500 Soldaten, darunter Engländer, Belgier, Niederländer, Amerikaner, werden nach und nach an die Wasserfront geschickt. Der Einsatz der Hubschrauber wird zum gefährlichen Kampf mit den Elementen. Die Windgeschwindigkeit ist mehr als doppelt so groß wie das zulässige Maß, bis zu welchem die Helikopter überhaupt fliegen dürfen.

Eine Firma bietet fünfhundert Sandsäcke an. *Danke schön, das hilft uns nicht.*[119] Benötigt werden hunderttausend. Der damit Beauftragte nimmt den Bescheid mit: *Ich erwarte Vollzugsmeldung.*[120] Bürgermeister Nevermann, aus der Kur heimgeeilt, bekommt zu hören: *Paul, halt mich jetzt nicht mit unwichtigen Fragen auf.*[121] Bezirksamtsleiter Mohr, in dessen Revier die Überschwemmung rast, gibt den neuesten Stand der Straßenbeschaffenheit. *Herr Mohr, an die Karte!*[122] Ein Senator, von Schmidt angesprochen, will weit ausholen, wird aber schnell eingeholt: *Bitte keine Abschweifungen. Antworten Sie nur auf meine Frage.*[123] Einem Polizeioberen wird angeraten: *Gehen Sie mal lieber nach Hause. Sie halten hier nur den Betrieb auf.*[124] Presseleute drängen herbei. Der Hauptanziehungspunkt ist in Zigarettenqualm gehüllt. *Ich bitte, nur intelligente Fragen zu stellen.*[125]

Der zivile Oberkommandierende auf dem Gefechtsstand der Schlacht um Wilhelmsburg legt seine Krisenfestigkeit an den Tag. Zu enge Bestimmungen und Kompetenzen kümmern ihn dabei nicht. Während *manch ein Politiker, der im Parlament hervorragende Führungseigenschaften be-*

wies... als Minister am bürokratischen Gallert gescheitert [126] ist, befiehlt der Innensenator – fünf Jahre, bevor er diese Worte geschrieben hat – unbekümmert in alle Zuständigkeiten hinein. Seine Devise mag lauten: Lieber effektvoll ohne Instanzwege als amtskorrekt ohne Wirkung. Bundeswehr, Verwaltung, Rettungsdienste, er benutzt sie nach Belieben und Notwendigkeit. *Die sind mir nicht unterstellt worden, ich habe sie mir genommen.* [127] Und alle fügen sich, die Autorität, die Sachkunde anerkennend. *Da jedermann unsere Tätigkeit für vernünftig ansah, hat es keine Klage und auch keine Anklage gegeben; die meisten hatten wohl das Gefühl, daß ein «übergesetzlicher» Notstand gegeben war.* [128] Nur einmal wirft der Erste Bürgermeister halb scherzend, halb besorgt die vorsichtige Frage in die Runde: «Aber das allerletzte Wort hat nach der Hamburgischen Verfassung noch immer der Senat, nicht wahr, Herr Schmidt?» [129] Dieser eröffnet das dröhnende Lachen im Krisenstab.

Am Sonnabendnachmittag besichtigt er selber die Überschwemmungsflächen aus der Luft und verschafft sich den ersten Gesamteindruck. Wäre ihm bei dem trübseligen Anblick nach poetischem Beistand zumute gewesen, dann hätte er sich vielleicht der Verse Liliencrons erinnert:

> Heut bin ich über Rungholt gefahren.
> Die Stadt ging unter vor sechshundert Jahren.

Freilich, die schmutzigen Wirbel über verschwundenen Schrebergarten-Kulturen und zerborstenen Barackenheimen, die gurgelnden Schlünde als Grab von 287 Menschen und 45000 Tieren haben wenig gemein mit der stillen, glitzernden Tiefe, aus der das fernvergangene Leben des Nordseehafens zu dem darübergleitenden Dichter geheimnisvoll heraufgerufen hat.

Das Glück des Tüchtigen

Nach der Katastrophennacht blieb selbst Uwe Seelers Volkstümlichkeit in der Hansestadt hinter der des Nothelfers zurück. «In Hamburg glaubt man nicht», schrieb die Zeitung «Christ und Welt», «daß ein Senatorenamt im Rathaus die letzte Station dieses energischen, temperamentvollen Politikers ist.» [130] Daß der Kommentator damit recht behielt, lag außer an den persönlichen Voraussetzungen und Qualitäten auch an überpersönlichen Zusammenhängen.

Willy Brandt, als er sich zum zweiten Bundestagswahlkampf als Kanzlerkandidat rüstete, diesmal gegen Adenauers Nachfolger Erhard, nahm den Wehrfachmann in sein Schattenkabinett auf. Nach einem Wahlsieg sollte der Hamburger Innensenator Verteidigungsminister werden. Die Wahlen von 1965 bereiteten aber der SPD in ihrem Aufstieg zur sehnlich erstrebten Regierungsverantwortung trotz beständig zunehmender Wählergunst eine abermalige Niederlage. Willy Brandt, Regierender Bürger-

Schattenkabinett der SPD, November 1964. Hintere Reihe: Herbert Wehner, Ernst Schellenberg, Helmut Schmidt, Gustav Heinemann, Waldemar Freiherr von Knoeringen (v. l.). Vorn: Carlo Schmid, Käte Strobel, Karl Schiller, Willy Brandt, Fritz Erler und Alex Möller

meister von Berlin, stand bundespolitisch am Rande der Resignation. 39,3 Prozent für die SPD, jedoch 47,6 für die Union: ein immer noch niederdrückender Abstand, verbunden mit dem zweiten Fehlstart zum Kanzleramt. Für den designierten Verteidigungsminister bedeutete der Wahlausgang eine Enttäuschung, aber keinen Rückschlag. Er verlor ja nichts. Doch nun machte sich Wehners strategischer Weitblick erneut bemerkbar. Er wollte eine werbekräftige Spitzengruppe in Bonn bereithalten, nicht zuletzt aus Vorsorge für den Fall der Aufgabe Brandts. Und da war ihm Helmut Schmidt einer der wichtigsten.

Der Londoner «Sunday Express» war so kühn, Wetten anzunehmen auf die internationale Führungsgarde in zehn Jahren, 1975. In der Bundesrepublik sah das Blatt den Hamburger Senator auf dem Kanzlerstuhl. Die Prognose sollte sich als einzige unter allen übrigen bewahrheiten. Solche Spielereien zeigten immerhin, wie hoch Schmidt schon eingeschätzt wurde. Fritz René Allemann von der Zürcher «Weltwoche» wußte damals auch genau, warum: «Er bietet das seltene Beispiel eines Mannes, der Klarheit des theoretischen Denkvermögens mit dem kräftigen Zugriff des Praktikers verbindet... Er hat den Zug zum Demagogen, der auch die Massen anzusprechen vermag, nur daß sich diese Gabe bei ihm auf eine ganz ungewöhnliche Weise mit einem Drang zum Konstruktiven, zur positiven Leistung, zur administrativen Genauigkeit und zur Hingabe an die Sache verbindet.»[131] Zur gleichen Zeit stellte die «Frankfurter Allgemeine» fest, Schmidt sei «heute wahrscheinlich schon die attraktivste, die am wenigsten vernutzte Figur seiner Partei»[132].

Wenn der Vielgewürdigte die Optionen für die kommenden Jahre gegeneinander abwog, so konnte er die überraschende Wende hin zur großen Koalition, nur vierzehn Monate nach dem jetzigen erneuten Wahldebakel, so wenig voraussehen wie irgendeiner sonst. Er mußte wählen zwischen der spekulativen Bundesposition und der realen Landesposition, zwischen der größeren Zukunftsperspektive bei fehlender Tatmöglichkeit im Augenblick und dem geringeren regionalen Entfaltungsvermögen bei weiterer Gewähr des praktischen Handelns.

So sehr das Neue und Entwickelbare der Tätigkeit in Hamburg ihn vor Jahren, 1961, gereizt hatte: Jeweils nach geraumer Zeit pflegte dieser unruhige, umtriebige Geist nach einem Wechsel auszuschauen; das lag und liegt wohl in seiner Natur. Journalistische Beobachter wie von seiten der zuletzt zitierten Zeitung fanden ihn damals, 1965, «nicht eigentlich amtsmüde»[133], nur der Ansicht, daß die Arbeit des Behördenaufbaus im Innenressort im wesentlichen geleistet sei. Alles weitere könne auch ein anderer tun. Auch wußte Schmidt, daß ein möglicher Aufstieg zur Spitze im Stadtstaat Hamburg mehr Verdruß als Reize bieten würde. *Die hamburgische Verfassung macht den Bürgermeistern das Regieren nicht leicht. Die Verfassung will eben nicht, daß der Bürgermeister die Richtlinien der Politik bestimmt. Dahinter steckt alter Idealismus der Gewaltenteilung, auch Idealismus der Bürgerbeteiligungen an der Verwaltung; aber in Wirklichkeit hat der Bürger nur eine geringe Möglichkeit. Vielmehr spielt das Landesparlament heute auch in der Verwaltung eine zu große Rolle. Die politischen Parteien und ihre Spitzenfunktionäre können sehr viel Einfluß ausüben. Und deshalb haben es der Senat und vor allem der Bürgermeister nicht leicht, sich durchzusetzen.*[134]

So ging Helmut Schmidt 1965 zum zweitenmal nach Bonn auf die Oppositionsbank wie zwölf Jahre zuvor, aber nun als einer der prominentesten Sozialdemokraten der Bundesrepublik. Er wurde einer der Stellvertreter Erlers in der Führung der Fraktion. War die Kandidatur für den SPD-Landesvorsitz in Hamburg im Mai 1966, also ein Dreivierteljahr später, nicht ein unnötiger und taktisch unkluger Prestige-Kraftakt? Der Repräsentant Hamburgs in Bonn – nun ganz im Sinne seines anonymen Aufrufs von 1962 – handelte dabei gegen das Sprichwort, daß man «nicht auf zwei Hochzeiten tanzen» könne. Er bewarb sich um diesen Vorsitz in Konkurrenz zu Paul Nevermann – und verlor gegen ihn mit 139 zu 176 Stimmen. Nicht wenig hat Herbert Wehner zu diesem Denkzettel mit dem Stimmzettel beigetragen. Er wollte die «Karte Schmidt» ungeteilt im

Konrad Adenauer und Ludwig Erhard, 1965

Bonner Machtspiel einsetzen und hatte im Streit der Argumente – «Nevermann oder Schmidt?» – erklärt: «Ich glaube nicht, daß Helmut Schmidt es sich bei aller Vitalität zutrauen sollte, auch noch in Hamburg Politik zu machen.»[135]

Vier Jahre nach der großen Leistung im Kampf gegen die Flut – einbegriffen alles das, was an Wiederaufbauarbeit in seine Zuständigkeit gefallen war – konnte das Abstimmungsergebnis wie Undank aussehen. Stärker ins Gewicht fiel aber wohl, daß die Hamburger Parteifreunde keinen Wochenend-Vorsitzenden haben wollten. Auch wurde sichtbar, was auf Schmidts politischem Weg in Abständen immer wieder ins Auge fällt: daß seine Popularität mehr außerhalb als innerhalb der SPD verwurzelt war. Vor allem die altgedienten Funktionäre «von der Pike auf» neideten dem intellektuellen Seiteneinsteiger, dem ehemaligen Offizier den glatten, glückhaften Aufstieg, obwohl es doch bei näherem Zusehen durchaus kein müheloser und erst recht kein kometenhafter war.

Wenn man diesem Sozialdemokraten der Vernunft, nicht der Tradition, Klasse oder Schicht, gewiß Glück nachsagen kann, dann ist es das Glück des Tüchtigen, welcher jede neue Herausforderung meisterte. Glück ist eine subjektive, persongebundene Erscheinungsform, kein objektiver, personunabhängiger Schicksalswert. Der persönliche Vorteil, das Vorankommen kann durchaus vom Nachteil oder Zurückgeworfensein, nicht selten vom Unglück anderer gefördert werden, gänzlich ohne eigenes Zutun; man denke nur, wie viele Künstlerkarrieren dadurch begründet werden, daß die Erstbesetzung ausfällt und die zweite, in der Ersatzrolle, einen triumphalen Abend gestaltet.

1961 hatte Schmidt gerade mit dem Aufbau der neugeschaffenen, aus anderen Teilzuständigkeiten herausgelösten Hamburger Innenbehörde begonnen, als die große Flut ihm die Chance zuspielte, zu zeigen, daß er nicht nur ein sachkundiger und spitzzüngiger Redner war. Der Zufall, auf Schmidts politischem Weg eigentümlich dienstfertig, fügte es, daß der Erste Bürgermeister gerade im Ausland seine Gesundheit pflegte. 1965 und 1966 hatte der Bonner Abgeordnete sich kaum mehr als ein Jahr mit der Fraktionsarbeit vertraut gemacht, als Erlers schwere Erkrankung die Nachfolge wahrscheinlich werden ließ. Überdies wurde die SPD zur mitregierenden Partei, was die Fraktionsführung stark aufwertete. 1974 schließlich tat er nicht das mindeste zum Rücktritt Brandts; das besorgte allein der DDR-Agent Günter Guillaume. Der Finanzminister, ausgewiesen in etlichen Ämtern und Aufgaben der Legislative wie der Exekutive, darunter allein in drei klassischen Ressorts, brauchte nur zu sagen, ob er Kanzler werden wolle. Die Frage an ihn drängte sich an diesem Ereignis- und Lebenspunkt einfach auf. Auch die weniger Wohlgesonnenen hätten ihn nicht übergehen können.

Wenn all dies also Glück war, dann von der Art, welche Novalis das «Talent für das Schicksal» nennt.

Im Herbst 1966, nur ein reichliches Jahr nach dem nochmaligen Wahlsieg der christlich-liberalen Koalition, zerfiel das zweite Kabinett Erhard durch den Rücktritt der FDP-Minister. Der große Zaubermeister des Wirtschaftswunders hatte als Kanzler nicht mit Geld umgehen können; Westdeutschland glitt in die erste Rezession. Rein rechnerisch hätte die SPD mit der FDP ein Bündnis begründen können, wie es dann drei Jahre später auch zustande kam. Aber die Optionen und Blickweisen im liberalen Lager ließen nicht sicher erscheinen, ob alle Mitglieder der gelbblauen Fraktion beständig zum linken Partner halten würden. Für Unsicherheiten war die Basis zu schmal. Schmidt gehörte zu den Anhängern der Großen Koalition, ebenso wie Wehner, während Brandt – auf Grund guter Berliner Erfahrungen mit der FDP – das Wagnis am liebsten jetzt schon eingegangen wäre. Schmidt hielt die sozialliberale Lösung zu der Zeit für *arithmetischen Unfug*[136]. Sein Mißtrauen gegen die Gelb-Blauen kam in einer großen Bundestagsrede vom 15. Dezember 1966 zum Ausdruck: *Wir haben 17 Jahre lang vergeblich die Festung der Bundesregierung belagert. Jetzt hat man uns die Tore öffnen müssen… Sie* – gemeint die Liberalen – *waren während dieser 17 Jahre teilweise draußen, teilweise drin, dann wieder draußen, dann wieder drin, und jetzt sind sie gerade mal wieder draußen. Ja, es war nie so ganz klar,* wandte er sich an den Fraktionsvorsitzenden Wolfgang Mischnick, *auf welcher Seite Sie wirklich standen. Ihre Kollegen waren einesteils bei der Besatzung und anderenteils bei der Belagerung.*[137]

Statt also eine Koalitionsehe einzugehen, bei welcher die Aussichten auf Übereinstimmung in Grundsatzfragen größer, die Existenzchancen aber geringer waren, wählte die SPD eine Verbindung, bei der es umgekehrt stand. *Der Händedruck zwischen dem Bundeskanzler Kiesinger und dem Vizekanzler Brandt leitete ein neues Kapitel der politischen Geschichte der Bundesrepublik ein... Die Sozialdemokratie hat nach 36 Jahren erstmals wieder Regierungsverantwortung für das ganze deutsche Volk übernommen. Wir haben seit der Gründung der Bundesrepublik darum gerungen, nicht nur in der Rolle der kontrollierenden Opposition, sondern in der Rolle der handelnden Bundesregierung das Schicksal der Nation formen zu helfen, aber bis zur vorletzten Woche war meine Partei auf die Regierung in Ländern und Gemeinden beschränkt. Wir haben dort gezeigt, was wir können.*[138]

Bei der Ämterverteilung wäre es logisch gewesen, daß der Anwärter auf das Verteidigungsressort in Brandts Schattenkabinett nun auch wirklich diese Aufgabe übernommen hätte; doch beanspruchte die CDU den Posten für Gerhard Schröder, der das Außenamt an den Vizekanzler Brandt abgeben mußte. Das Ersatzangebot, das Verkehrsministerium zu leiten, lehnte der einstige Hamburger Verkehrsfachmann ab. Darüber war die Zeit für ihn hinweggegangen. Blieb also die Fortführung der Arbeit in der Fraktion, nun allerdings mit der Anwartschaft auf den Vorsitz, da Erler um diese Zeit unheilbar erkrankte. Die SPD zog Schmidt dem dienstälteren Stellvertreter Alex Möller vor. Drei Monate danach, im Februar 1967, mußte der neue Fraktionsvorsitzende bereits die Gedenkrede auf den Vorgänger Erler halten.

Er stellte das Tragische an dem vorzeitigen Lebensabschluß des Dreiundfünfzigjährigen heraus. *Mit Leidenschaft hatte er sich zwei Jahrzehnte lang gegen alle Versuche gewandt, die deutsche Sozialdemokratie an den Rand des Staates zu drängen. Nun, da sie als Regierungspartei verantwortlich das Schicksal Deutschlands mitgestaltet, hat er selber keinen Teil mehr daran.*[139] Das stimmte um so trauriger, als Erler, der undogmatische Linke, maßgeblich an der Entwicklung von der Klassen- zur Volkspartei und somit am Godesberger Programm von 1959 mitgewirkt hatte. *Wir Sozialdemokraten hätten ohne Fritz Erler diesen Weg nicht beschreiten können.*[140] Infolge jener Öffnung war es überhaupt möglich geworden, daß die beiden großen Parteien jetzt zusammengingen. Für Erler war es nach allem bisherigen nur logisch gewesen, eine fünfzigprozentige Machtteilhabe einer hundertprozentigen Opposition vorzuziehen – aber da besiegte ihn der Krebs. Diese starke politische Begabung war genauso schwer zu ersetzen

Helmut Schmidt und Rainer Barzel

wie Schumacher fünfzehn Jahre zuvor, weil Erler *alle Fähigkeiten zum höchsten Amte besaß, Leidenschaft, Verantwortungsbewußtsein und Augenmaß in höchstem Grade – und im inneren Gleichgewicht zueinander*[141]. Manche Würdigung, auch die ehrlichste, ergeht nicht ohne Selbstbezug. Galten die genannten Eigenschaften – im Sinne Max Webers, den Schmidt hochschätzt – nicht gleichermaßen für ihn selber? Und wußte er dies nicht recht gut?

Im politischen Alltag der Demokratie nimmt der Augenschein eine regierende und eine opponierende Gruppierung wahr. Diese einfache optische Zweiteilung genügt aber nicht dem Willen und Geist des parlamentarischen Kräftespiels. Immer soll überdies die gesetzgebende Seite die gesetzausführende kontrollieren. Richtig begriffen und gehandhabt, herrscht also immer auch ein Spannungsverhältnis zwischen Regierungsfraktion(en) und Regierung. Der Nachfolger Erlers ließ keinen Zweifel: *Dieser Deutsche Bundestag ... wird in Zukunft nicht etwa nur ein Forum für Regierungsproklamationen und für eigene Akklamationen darstellen, sondern er wird vielmehr auch in Zukunft seine Aufgaben erfüllen, näm-*

lich erstens politische Ziele zu setzen, zweitens Initiativen zu ergreifen und vor allem drittens Kontrolle über die Bundesregierung auszuüben.[142]

Die Fraktion führte der neue Vorsitzende straff. *Viele meinen, Demokratie besteht aus endloser Debatte. Ich meine, Demokratie besteht aus Debatte und anschließender Entscheidung auf Grund der Debatte.*[143] Ähnlich hätte wohl sein Gegenüber formulieren können, der Fraktionsvorsitzende der CDU/CSU, Rainer Barzel. In der umweglosen Direktheit, einen Diskussionsgegenstand abzuhandeln und auf den Punkt zu bringen, überhaupt die Meinungsvielfalt eines so eigenwilligen Gremiums unter einen festen Führungswillen zu zwingen, darin glichen die beiden Fraktionschefs einander. Auch Barzel zählte noch zur Kriegsgeneration. In der Denkschärfe und Beredsamkeit stand der gebürtige Ostpreuße dem Hamburger ebenfalls nicht nach. Die Zugehörigkeit zur langregierenden Union hatte ihn aber bundespolitisch eher hervortreten lassen, wenngleich er fünfeinhalb Jahre jünger war. Sein sehr bestimmter Aufstiegswille wurde ihm in den eigenen Reihen verübelt, brachte ihm Rückschläge ein; auch hier sehen wir Parallelen. Seit Dezember 1964 leitete er die Fraktion. Nun trat Helmut Schmidt ihm im gleichen Amt gegenüber, nüchternen Sinnes, praktischen Verstandes und phrasenscheuend der eine wie der andere.

Die Dioskuren des Bundestags kamen bemerkenswert gut miteinander aus; sie taten es auch noch, als die politischen Wege sich abermals getrennt hatten. Für den einen wie für den anderen Zeitabschnitt gilt: *Keiner hat versucht,* so der Ältere, *den anderen hinters Licht oder aufs Glatteis zu führen oder durch einen Trick in Nachteil zu bringen. Häufig genug hat es Auseinandersetzungen gegeben, und häufig genug war es schwer, Kompromisse zu finden. Im Gegensatz zu vielem, was über ihn gesagt oder in Umlauf gebracht wird, habe ich in Barzel einen Mann kennengelernt, der fair ist und zu seinem Wort steht.*[144]

Der Partner und Kontrahent ergänzt das Bild aus seiner Sicht: «...wir haben es nie verleugnet, daß Helmut Schmidt und ich nicht nur gestritten, sondern auch zusammengearbeitet, nicht nur zusammen gearbeitet haben. Einige meinen, das sei ganz gut für uns alle gewesen.»[145] Und: «...das ist eigentlich etwas sehr Schönes: eine Beziehung von Respekt und Vertrauen, in der man zuverlässig miteinander ist... Wir stimmen überein in der Beurteilung vieler Menschen und stimmen sicherlich auch überein in dem, was für die politische Arbeit die wichtigsten Eigenschaften eines Menschen sind. Das ist nämlich seine Zuverlässigkeit und seine Sachlichkeit. Und dann kommen erst Brillanz und was weiß ich alles noch.»[146]

Wenn die Vorsitzenden zweier großer Fraktionen einen «Draht» zueinander haben, dann erleichtert dies spürbar die Beziehungen einer solchen Parteien-Zweckehe, wie sie Ende 1966 in Bonn geschlossen wurde. Nicht selten wurden die Mißhelligkeiten an der Regierungsfront in der rückwärtigen Auffangstellung der Fraktionen überwunden. *Wenn die Fachleute, die alles von der Sache verstehen, sich nicht mehr einigen können, dann rufen sie die Fraktionsvorsitzenden; die verstehen dann viel weniger von der Sache, aber dafür einigen sie sich auch.*[147]

Die Häufigkeit solcher Nothelfer-Einsätze kann man an den Herausforderungen der Zeitlage ermessen: innenpolitisch, weil die Studentenrebellion dieser Jahre unterschiedlich beantwortet wurde, je nachdem, ob man als Sozialdemokrat, Christdemokrat oder Christsozialer von dem großen Veränderungswillen der jungen Generation betroffen war; außenpolitisch, weil die brennenden Fragen der Ost- und Deutschland-Politik ohnehin kontrovers behandelt wurden. Nun aber verkümmerten auch noch die Blütenansätze des Prager Frühlings von 1968 unter der Dürre der Breschnew-Doktrin. Das war ein Rückschlag eher für die Seite Brandt, während die Seite Kiesinger es ja «immer schon gewußt» hatte.

Der großen Koalition wäre vermutlich ohnehin keine Dauer beschieden gewesen über die Bundestagswahl von 1969 hinaus. So aber trugen die innen- und außenpolitischen Einflüsse verstärkend dazu bei, daß das Diktat des Kalenders zum willkommenen Trennungsanlaß wurde. Es ging nur noch um die möglichst gute Ausgangsposition für eine künftige Parteiverbindung: wieder christlich-liberal oder erstmals sozial-liberal, wenn schon ein Alleinregieren wie 1957 zunehmend unwahrscheinlich wurde. In der dramatischsten Wahlnacht der Nachkriegszeit schien Kiesinger zunächst die besseren Karten zu haben, aber zuletzt nahm ihm Brandt das Spiel noch ab. SPD und FDP bildeten die sozial-liberale Koalition.

Im «Pentabonn»

Als er am liebsten zur Verteidigung gegangen wäre, sollte er in der Fraktion bleiben. Als er dort gern weitergemacht hätte, mußte er zur Verteidigung. Warum? Brandt fand keinen besseren. Nunmehr Bundeskanzler, trug er seinen «Schattenminister» von 1965 immer noch in petto. Und jetzt hatte e r das «Pentabonn» zu besetzen. Schmidt war immer noch seine erste Wahl. Gerade erst in diesem Jahr 1969 war ein neues Buch von Schmidt zu Militärfragen auf den Markt gekommen. Der Autor sträubte sich allerdings, daraus die nächstliegende Konsequenz zu ziehen und dem Ruf auch von Herzen zu folgen. Er kannte mittlerweile den Unterschied zwischen dem parlamentarischen und dem ministeriellen Führungsamt. *Ein Fraktionsvorsitzender ist e i n e r, ein Minister aber ist einer unter zwanzig.*[148] Das gilt natürlich nur dann, wenn man mit der widerspenstigen und eigensinnigen Fraktion umzugehen weiß, so einen *riesenhaften Aufsichtsrat*[149] zu handhaben versteht. Der Schulmeisterberuf, zum Vergleich, kann beglückend sein, aber nur, wenn man die Rasselbande durch natürliche Autorität für sich gewinnt.

Als Verteidigungsminister, mit seinem Vorgänger Schröder

Mehr aber wohl noch, als der Unterschied zwischen Selberführen in der Fraktion und Einordnen im Kabinett, galt ihm inzwischen derjenige in den Tätigkeitsbereichen. In der Fraktion hatte er den ganzen Horizont der Politik abzuschreiten, innen und außen, gesellschaftlich, wirtschaftlich, technisch, militärisch, bündnispolitisch, international; im Ministeramt wirkte man fachbegrenzt. Hatte er nicht Spezialistentätigkeit genug geleistet: Verkehr, Inneres, Militärisches? Nein, sprach die List der Vernunft, es muß noch mehr dazu; es müssen noch drei Bundesministerien geführt werden. Dann erst – siehe Churchill mit seiner Allround-Kenntnis von Einzelressorts – sei der Griff nach der demokratischen Krone, der Kanzlerschaft, gestattet, eher nicht. Brandt sagte es nicht mit Hegel, sondern schlichter: «Du mußt es machen, es geht einfach nicht anders.»[150]

So schritt denn der Hauptmann der Reserve erstmals die Ehrenformation auf der Hardthöhe ab und tauschte den Schreibtisch mit Gerhard Schröder. Trotz aller Mühen seines ministeriell routinierten Vorgängers fand er einen Problemberg *vom Ausmaß der Eiger-Nordwand* vor[151]. Mit einem leistungsstarken neuen Team ging der Amtschef ans Werk, stets eingedenk, *daß sich dieser Ministersessel im Handumdrehen in einen Schleudersitz verwandeln kann*[152]. Die Truppe ist von jeher ein nur mit viel Fingerspitzengefühl zu lenkender Organismus. Hinzu kommt in der Ära der Bündnisblöcke die immerwährende Abstimmung mit den Partnern in der Allianz, die Abhängigkeit von den schwankenden Konzepten der militärischen Vormacht und dann der Zwang, die jeweiligen internationalen Beschlüsse im Kabinett und in der Fraktion durchzusetzen, im Volk plausibel und annehmbar zu machen.

Bei allem Neuen und Ungewohnten: Die Tatsachen wenigstens, um die es bündnispolitisch ging, gerieten keinem Neuling in die Hände. Helmut Schmidt war all die Jahre seit seiner ersten Beschäftigung mit Verteidigungsfragen wachsam und orientiert geblieben, hatte die wichtigste Literatur zur Kenntnis genommen und sich frühzeitig kundig gemacht, wenn in den strategischen Werkstätten des Westens neue Konzeptionen reiften.

Den derzeitigen Sachstand hatte er 1969 in seinem jüngsten Buch, *Strategie des Gleichgewichts*, an seine Leser weitergegeben. Die Lage am Anfang der Nixon-Administration (in Moskau herrschte Breschnew) sah so aus: Die Supermächte wußten *nicht nur, daß ihre nuklearen Waffen sich gegenseitig in Schach halten und sich gegenseitig neutralisieren, sondern darüber hinaus: daß dies ein wünschenswerter und deshalb aufrechtzuerhaltender Zustand sei*[153]. Seit den frühen sechziger Jahren war jede Seite so gewappnet, daß sie einen Erstschlag führen konnte, welcher kaum zu behindern war, daß aber die nahezu unverwundbaren strategischen Waffensysteme des Feindes daraufhin immer noch zu einem tödlichen Gegenschlag imstande waren, zum second strike. Der Angreifer ging also zugrunde, gleich der Biene, wenn sie sticht.

Aus dieser Bienenstich-Strategie ging somit hervor, daß die weittragenden Nuklear-Systeme mehr durch ihr bloßes Dasein Gewicht besaßen, als daß mit ihrer Anwendbarkeit, wie noch in den fünfziger Jahren, zu kalkulieren war. Die Militärpolitik lernte vielmehr erneut den Wert der konventionellen Waffen zu schätzen. *Je mehr ein nuklearer Schlagabtausch undenkbar geworden ist, um so mehr hat die Gefahr nichtnuklearer, konventioneller oder «begrenzter» Kriege zugenommen. Wer aber mit der Möglichkeit konventioneller, «begrenzter» Angriffe rechnen muß, der kann sich nicht auf seine eigene nukleare Vergeltungsfähigkeit oder diejenige der sein Bündnis führenden Weltmacht als alleinige Abschreckung verlassen. Er – und genauso das Bündnis, dem er angehört – ist ebenso auf konventionelle Abschreckung angewiesen, das heißt: Er muß auch auf konventionellem Felde dem möglichen Angreifer ein ihm unerträgliches Risiko entgegenstellen. Er muß sich die Möglichkeit zu verschiedenen Verteidigungen in verschiedenen Phasen möglicher Konflikte schaffen. Dies ist der Kern der militärischen Strategie der «flexible response», der bewegli-*

Sowjetische Panzer in Prag, 21. August 1968

chen Erwiderung, welche die NATO sich 1967 offiziell zu eigen gemacht hat.[154]

Durch diese Entwicklung fühlte sich der deutsche Militärpolitiker in seinen schon viel früher dokumentierten Ansichten bestätigt. Was neuerdings als Leitlinie gelte, sei bereits Ende der fünfziger Jahre theoretisch analysiert gewesen. *Ich selbst habe 1960 vorausgesagt, daß die USA zur Strategie der flexible response übergehen würden.*[155] Es habe dann aber viele Jahre gedauert, die Erkenntnisse umzusetzen zu erklärter Politik, weil es aus wirtschaftlichen und innenpolitischen Gründen überall schwierig gewesen sei, die Verstärkung der konventionellen Streitkräfte als notwendig anzuerkennen. Erst *unter dem Eindruck der* sowjetischen *Intervention* in der Tschechoslowakei *ergab sich Ende 1968 im NATO-Rat eine deutliche Bereitschaft aller Partner, ihre konventionellen Anstrengungen zu vermehren, weil die Aufmarschzeiten auf sowjetischer Seite und damit die Vorwarnzeiten auf der NATO-Seite verringert worden sind*[156].

Eigentümlich doppelköpfig stellte sich die Militärpolitik des Westens dar zu der Zeit, als Schmidt dieses Buch verfaßte. Einmal kam es darauf an, dem Ostblock auf konventionellem Feld nicht allzu unterlegen zu

91

Manöverübung:
Verteidigungsminister Schmidt
wird abgeseilt

bleiben, um Risiken eines Angriffs mit herkömmlichen Waffen möglichst gering zu halten, folglich also die Verteidigung zu verstärken; auf der anderen Seite mußte man danach streben, mit dem Ostblock zusammen zu Rüstungsbegrenzungen zu kommen, um aus dem gewaltigen Pulverfaß Europa einige Zündschnüre zu entfernen. Die gegenläufigen Tendenzen waren in einer Entschließung des NATO-Rats von 1969 zusammengefaßt: «... den Westen zu verteidigen und nach einem stabilen Frieden mit dem Osten zu suchen.»[157] Schmidt bringt den Doppelaspekt so zum Aus-

druck: *Wir müssen den uns politisch, wirtschaftlich und militärisch ange-messenen Beitrag leisten*[158], um die militärische Funktionsfähigkeit der NATO aufrechtzuerhalten, *im übrigen aber muß man danach trachten, von den hohen Ebenen der Rüstung und des Aufmarsches auf beiden Seiten gleichmäßig auf niedrigere Ebenen herunterzukommen*[159]. Als das Buch *Strategie des Gleichgewichts* innerhalb eines Jahres die fünfte Auflage er-reichte, schrieb Schmidt im Vorwort (zu Ostern 1970) mit dem Blick auf die letztgeäußerte Absicht: *Seit zwölf Jahren bin ich parlamentarisch und publizistisch für gleichgewichtigen Abbau der militärischen Kräfte in Ost-und Westeuropa eingetreten – jetzt zum ersten Mal ist dieses Ziel wesent-licher Teil der deutschen Außenpolitik.*[160]

Helmut Schmidt, so ist daraus abzulesen, durfte also im Bundesverteidigungsministerium in Eintracht mit seinen bisherigen Anschauungen regieren. Bundeskanzler Willy Brandt und sein Außenminister und Koalitionspartner Walter Scheel standen dahinter. Doch vom Willen zur Tat hatte es Weile. Zunächst wirkte im Westen noch die Erbitterung darüber nach, daß die Sowjets im August 1968 den Prager Reform-Kommunismus niedergestampft hatten, im Osten dagegen die Angst vor neuen Volksbewegungen, die man ohne Panzer vielleicht nicht niederhalten könnte. Erst 1973 begann in Wien eine Dauerkonferenz über beiderseitige ausgewogene Truppenreduzierung (MBFR); da war Schmidt gar nicht mehr Verteidigungsminister. Schon damals wurde gespöttelt, wer zu den MBFR-Gesprächen nach Wien delegiert werde, der kaufe sich ein Haus... Auf wie lange Dauer sich beide Seiten einzurichten hatten, ahnten sie wohl selber nicht. Als Schmidt 1987 *Menschen und Mächte* veröffentlichte, war noch immer nichts entschieden, keine Panzereinheit, keine Flugzeugstaffel, keine Geschützbatterie aus den europäischen Stationierungs-Standorten abgezogen. *Ich denke immer noch, daß eine Truppenbegrenzung in Europa für alle europäischen Staaten und Völker eine große seelische Erleichterung und größeren politischen Spielraum mit sich bringen würde.*[161] Ein traurig stimmender Satz eines Mannes, der schon 30 Jahre lang dafür plädiert hatte. Immerhin konnte er bald darauf erleben, daß endlich Bewegung in die erstarrten Formationen kam.

In den frühen siebziger Jahren jedenfalls, als der erste SPD-Politiker seit einem halben Jahrhundert, seit Gustav Noske (in den Tagen des Kleinkindes Schmidt), wieder demokratische Wehrpolitik in Deutschland betrieb, bewegte sich auf diesem Gebiet nichts in Europa; viel schon, daß das Klima sich langsam besserte. Um so lebhafter ging es auf der Hardthöhe zu. Der neue Minister stellte als erstes ein tatkräftiges Team zusammen: Ernst Wolf Mommsen, Industriemanager, sollte die Rüstungswirtschaft rationell und ökonomisch dirigieren, der beamtete Staatssekretär Johannes Birckholz hatte die Verwaltung zu straffen, Karl Wilhelm Berkhan als Parlamentarischer Staatssekretär glättete die Verbindungen zum Bundestag, Theo Sommer von der «Zeit» erarbeitete mit einem Planungsstab das Weißbuch 1970, eine Analyse der Sicherheitsprobleme und des inneren Zustands der Bundeswehr – «wohl die lesbarste und verständlichste Übersicht, die das Ministerium je hervorgebracht hat» (Jonathan Carr)[162].

Sommer, der Schmidt ja kannte, lernte im jetzigen Umgang Neues an ihm und zeigte sich überrascht, «wie viel Zeit Sie sich oft für Entscheidungen nehmen; wie viele Menschen, Gremien Sie damit befassen; wie sehr Sie darauf achten, daß vorgeschriebene Prozeduren eingehalten werden – keine Schnellschüsse aus der Hüfte»[163].

Berkhan rühmte an dem Teamwork, daß der Chef keineswegs seine Position herauskehrte, wenn er die anderen Meinungen gegen sich hatte. «Wenn Helmut Schmidt spürte, daß er uns nicht überzeugen konnte, hat er eigentlich nie gegen den erklärten Willen seines Kollegiums gehandelt.»[164] Berkhan, der Hamburger Freund mit dem Nachbarhaus am holsteinischen Brahmsee, dem «Lago di Sozi», beschreibt, wie solche Debatten aussahen. Da habe es nicht geheißen, «jetzt wird das und das entschieden, sondern da mußte man eben zuhören, da mußte man dabei sein und wußte: dahin geht die Richtung. Aber es gab natürlich auch den Punkt, wo er dann erklärte: *Stopp, jetzt wollen wir mal zusammenfassen*, und dann diktierte er das, was einmütig oder als Kompromiß in der Debatte herausgekommen war. Dann war es schwarz auf weiß da.»[165] Im Grunde geschah hier nichts weiter als das Umsetzen eigener Forderungen in die Tat. Im Tun bestätigte Schmidt sein Denken. In *Strategie und Gleichgewicht* von 1969 steht geschrieben: *Führung ist nur im Team möglich. Das Team (oder die «Führungsmannschaft») muß so organisiert sein, daß durch seine Zusammensetzung Information und Entscheidungsfähigkeit gefördert werden... Das Team muß wesentlich aus Personen zusammengesetzt sein, die Ideen produzieren oder aufgreifen.*[166] Führung heißt bei Schmidt: Diskussion und Teamwork bis zur Entscheidungsreife, dann aber möglichst reibungsfreies Durchsetzen dieser Entscheidung.

Die offene Meinungsäußerung, die sachliche Diskussion forderte der Bundesminister auch von seiten und innerhalb der Truppe. Überhaupt ließ er individuellen Freiheiten so viel Raum, wie er sie immer für sich selber beansprucht hat. Hierbei glich der Urheber aber mitunter dem Goetheschen Zauberlehrling, der die Geister nicht los wird, die er gerufen hat. Das passierte auch mit einem Gegenstand, der eher ins Bonner Kuriositäten-Kabinett gehörte. Der Minister, so ulkte der «Bayern Kurier», habe sich mit seinem Haar-Erlaß von 1971, der auch die längste Mähne nebst Bärten aller Art zuließ, «unschätzbare Verdienste um die Verbreitung der Kopflaus» erworben.[167] Dem Kopflausförderungs-Erlaß verdankte der Herausgeber den karnevalistischen Orden «wider den tierischen Ernst». Im übrigen gab er zu: *Natürlich haben wir Fehler gemacht. Aber wir haben diese Fehler auch immer rechtzeitig erkannt.*[168]

Zu den sachlichen Neuerungen und Bilanzen der tausend Tage im

«Pentabonn» – neben Änderungen im Führungsstil – zählten erhöhte Anreize für Längerdienende: indem sie nun nebenher Berufe erlernen oder sich darin fortbilden lassen konnten. Die Bundeswehr wurde attraktiver und zog mehr Freiwillige an. Auch für die Unfreiwilligen sorgte Schmidt dadurch, daß er den Grundwehrdienst von achtzehn auf fünfzehn Monate verkürzen ließ; aber nicht aus *dem Hang zur Gefälligkeitsdemokratie*, sondern um *ein höheres Maß an Wehrgerechtigkeit*[169] zu gewährleisten. Schon in seinem Buch kurz vor Amtsantritt hatte er beklagt, daß nur zwei Fünftel, 40 Prozent, der Wehrpflichtigen einberufen werden. Das Vertrauen dieser Benachteiligten in den Rechtsstaat müsse schwinden, somit der Kampfwert der Truppe geschädigt werden. Eine kürzere Grundwehrdienstzeit, dafür vermehrte Einberufungen: das war Schmidts Rezept, und bei erster Gelegenheit handelte er danach. Die Zeitschrift «Wehrkunde» spendete Lob: «...es ehrt einen Demokraten, wenn er Gerechtigkeit voranstellt.»[170]

Der Nichtpreuße mit den besonders ausgeprägten preußischen Tugenden Pflichtgefühl, Disziplin, Genauigkeit, Fleiß, Arbeitsmoral, bei ihm geradezu Arbeitshingabe, Inbrunst – hatte er sich nachhaltig übernommen? Hatten die Überstrapazen, verbunden mit der Verantwortung für 650000 Abhängige und für einen Zwanzig-Milliarden-Etat, die Gesundheit des Dreiundfünfzigjährigen untergraben? Im Frühjahr 1972 scheint seine Laufbahn urplötzlich vor dem möglichen Ende zu stehen. Er wirkt aschgrau, müde, hochreizbar und verliert 20 Pfund Gewicht. Eine aus Asien mitgebrachte Viruserkrankung täuscht die Ärzte eine Weile über das Grundleiden: eine akute Überfunktion der Schilddrüse. Bei noch nicht erkannter Ursache dieser Erkrankung gibt es doch wenigstens wirksame Mittel, ihren Motor ruhigzustellen, die überhöhte Ausschüttung des Hormons Thyroxin wieder zu normalisieren. Der Patient gesundete – und wechselte das Amt; allerdings nicht aus Schonungsgründen, sondern aus Schillergründen. Die Primadonna der deutschen Politik hatte die Funktionen des «Superministers» für Wirtschaft und Finanzen gekränkt niedergelegt und das Kabinett verlassen.

Der Kronprinz

Karl Schiller war von 1961 bis 1965 Senator für Wirtschaft in Berlin gewesen und hatte danach seinen Schüler Schmidt in Bonn wiedergetroffen. Beide versahen die Funktion eines stellvertretenden Vorsitzenden der SPD-Bundestagsfraktion, bis Schiller Ende 1966 ins Wirtschaftsministerium der großen Koalition wechselte. Weithin erinnerlich ist, wie er zusammen mit dem Finanzminister Franz Josef Strauß gleichgestimmt, einfallsreich, begriffsprägend und aufschwungverheißend sehr konstruktive Wirtschafts- und Finanzpolitik betrieb. Die legendäre Eintracht wurde

Karl Schiller und Helmut Schmidt

mit dem Etikett aus der Bilderwelt Wilhelm Buschs versehen: «Plisch und Plum». Als Schiller nun in der nachfolgenden sozialliberalen Koalition sein Ressort weiterführte (und im Mai 1971 noch dazu die Finanzen übernahm), war der Aufschwung wirklich eingetreten, aber es wurde auch von

Staats wegen mehr Geld ausgegeben für die Reformpolitik, als herein-kam. Hieraus wieder erwuchs die Nötigung, den wachsenden Haushalts-defiziten entgegenzuarbeiten und zu sparen.

Über Schillers Forderungen, den Wehretat zusammenzustreichen, kam es zu heftigen Zusammenstößen mit Schmidt. In der Sache, hier wie an-derwärts, hatte Schiller sicher recht. Nur verfügte er nicht über die Ge-schmeidigkeit eines Diplomaten, bei harten Standpunkten moderat in der Tonart, suaviter in modo zu sein (was man von Schmidt auch nicht be-haupten konnte). Dazu kam, daß der Zeitpunkt für solch energisches Sparverlangen ungünstig war. Brandts Koalition, in den Turbulenzen um die Ostverträge, verfügte nur noch über eine hauchdünne Mehrheit, und Rainer Barzel wäre im April 1972 um ein Haar der Kanzlersturz gelun-gen. Jetzt scheute die Regierung zusätzliche Belastungen aus unpopulä-rer Politik. Schiller sah sich isoliert und trat zurück.

Sein Nachfolger mußte einer sein, der auf dem Vormarsch der Koali-tion Brandt/Scheel zu den unvermeidlichen Neuwahlen die offene wirt-schaftspolitische Flanke gegen die gefährlichen Angriffe der Opposition decken konnte. Wieder, wie vor knapp drei Jahren, rief Brandt, und wie-der gab der Gerufene aus Pflichtgefühl eine Tätigkeit auf, die ihm Aner-kennung eingebracht hatte; wieder kreuzte er in eigentümlicher Wieder-holung den Weg seines einstigen Mentors im selben Fachbereich, und sei es auch nur durch den Wechsel am Schreibtisch.

Schon jetzt nannte Rudolf Augstein den neuen Doppelminister den «derzeit unangefochtenen Kronprinzen»[171]. Ohne in die nähere Zukunft vorauschauen zu können, sorgte der «Wahlgladiator» (so Augstein[172]) doch indirekt auch für sich selber schon vor: Durch den strahlenden Wahl-sieg im November 1972 mit der SPD als stärkster Fraktion, erstmals seit 1930, half er im voraus, auch s e i n e m späteren sozialliberalen Kabinett eine stabile Mehrheit zu verschaffen: 45,8 Prozent für die SPD und 8,4 Prozent für die FDP.

In den anderthalb Jahren vom Wahlsieg ohne Kanzlerschaft zur Kanz-lerschaft ohne Wahlsieg konnte Helmut Schmidt im Finanzressort – das Wirtschaftsministerium hatte er an Hans Friderichs von den Freien De-mokraten abgegeben – nicht viele Zeichen setzen. Und soweit es geschah, waren es eher Notsignale, Zwangseingriffe aus der dramatisch sich ent-wickelnden wirtschaftlichen Zeitlage. Hatten Schmidt und Friderichs noch im Frühjahr 1973 Stabilitätsprogramme zur Bändigung der überhitz-ten Konjunktur durchgesetzt, so mußten die Programme schon im De-zember wieder gelockert werden, weil die Konjunktur durch den «Öl-preisschock» abzukühlen begann.

Denn im Herbst 1973 *führte der Yom-Kippur-Krieg dazu, daß das OPEC-Kartell*, die Organisation erdölexportierender Länder, *unter ara-bischer Führung seine Verkaufsmengen drastisch herabsetzte, um den We-sten zu einer Änderung seiner* – Israel unterstützenden – *Nahostpolitik zu zwingen. Daraufhin stiegen die Ölpreise steil an und vervierfachten sich innerhalb der wenigen Monate vom September 1973 bis zum Mai 1974.*[173]

Nicht n u r der Nahostkrieg übte preissteigernden Druck aus beim Absatz des schwarzen Goldes. Erdöl wird auf Dollarbasis abgerechnet. Die Weltleitwährung aber hatte durch den unrühmlichen und zuletzt erfolglos abgebrochenen Vietnam-Krieg schwer gelitten. Der Dollar verlor fortlaufend an Wert, gefördert noch durch die Vereinbarung unter den fünf wichtigsten Industrieländern im März 1973, die Wechselkurse weltweit freizugeben. Durch das Floating sank der Dollar weit unter die Drei-Mark-Grenze (im Vergleich zur D-Mark), bald auf unter 2,60 DM. Die Tendenzen also in den Ölstaaten, die Ertragseinbußen durch höhere Preise aufzufangen, hatten schon vor dem Yom-Kippur-Krieg nahegelegen. Dennoch: *Als wir zu einem weltweiten System freier Wechselkurse übergegangen waren, hatten wir diese Explosionen nicht vorausgesehen.*[174]

Ebenso wenig voraussehbar, dafür aber vorteilhaft war der Nutzen, den der deutsche Minister aus den Erfahrungen und Verbindungen in seinen ausgesprochen «internationalen» Fachbereichen zog. In den viereinhalb Jahren erwarb er sich sowohl in Militärdingen wie in Wirtschafts- und Finanzdingen viel Anerkennung in der Welt. Wieder schien bei seinem langen Aufstieg, der viele Wechsel kannte, aber keine Brüche und Sprünge, sich alles so logisch zu fügen; wieder schienen die Umstände ihm dienstbar zu sein. Denn als er auf seiner Lebensbahn mit 55 Jahren an die nächste Schicksalsbiegung gelangte, vom Minister zum Regierungschef aufstieg, da kannten ihn die maßgeblichen Staatsmänner im Westen und Osten, schätzten seine fachliche Autorität, seine analytische Befähigung, seine Kenntnis von Welt und Menschen, seine charaktervolle Festigkeit. Ein bisheriger Innen- oder Justizminister hätte «draußen» keinen so günstigen Start gehabt.

Das Ende der «Ära Brandt» beginnt am 25. April 1974 mit der Verhaftung des schon lange enttarnten Agenten Günter Guillaume. Nach mehreren Sicherheits-Überprüfungen war er zum Umgang sogar mit Verschlußsachen der Stufe «Streng geheim» berechtigt gewesen. Der Bundeskanzler läßt seine Entscheidung elf Tage reifen. Zunehmend wird ihm klar, daß er «nicht in Ruhe hätte weiterarbeiten können»[175]. Es ehrt einen deutschen Politiker, daß er tut, was hierzulande selten geschieht, in den angelsächsischen Demokratien viel selbstverständlicher gilt: daß man die Verantwortung für schwerwiegende Versäumnisse im engsten Umkreis auch ohne persönliche Schuld übernehmen müsse. Das ist das Berufsrisiko. Brandts nachlassender Schwung, der letzthin unübersehbar geworden ist, läßt überdies auf Müdigkeit und Resignation schließen, Gründe, die ihm wohl den Rücktrittsgedanken leichter machen.

Und der «Kronprinz», wie denkt der? Zeitungsleute zitieren in jenen Tagen ältere Aussprüche: *Ich bin zu alt. Ich bin ja sogar schon zu alt, um* noch einen Posten in der Industrie zu übernehmen.[176] Sie hatten ihm seine Beteuerungen, keinen Ehrgeiz für das Amt zu verspüren, nie so recht abgenommen angesichts der zupackenden Art, mit der jede neue Aufgabe gemeistert wurde. In diesen Tagen drängt er wohl wirklich nicht ins Palais Schaumburg, aber mehr des Parteifreundes wegen, dem er einen Abgang so deprimierender Art – sich von einem Spion zum Rücktritt nötigen zu lassen – nicht gönnt und den er nicht gelten lassen will. *Ich habe Willy Brandt nie wieder so angebrüllt wie damals, als er mich rief, um mir zu sagen, daß er zurücktrete und ich sein Nachfolger werden solle*[177], erfuhr ein Journalist fünf Jahre später aus seinem Mund.

Doch wohnen wohl zwei Seelen in des Hanseaten Brust, nachdem ihm seine *wichtigsten Jahre im Krieg geklaut* wurden[178] und er ein wenig Wiedergutmachung von seiten der ihn lenkenden Mächte nicht für falsch befand. Außerdem glaubte sein Kanzler zu wissen: «Für Helmut ist die Macht eben ein Potenzmittel.»[179] Andererseits weiß Schmidt: *Ich habe seit Jahren gearbeitet wie ein Stier, fast täglich sechzehn Stunden – das wird jetzt noch schlimmer werden.*[180] Bei allem Für und Wider: Das Pflichtge-

Willy Brandt und Günter Guillaume, im April 1974 bei einer Informationsreise durch Niedersachsen

16. Mai 1974: Bundespräsident Gustav Heinemann überreicht Helmut Schmidt die Ernennungsurkunde zum Bundeskanzler

fühl ist sein starker Motor. Er verweigert sich dem Ruf nicht, wie er sich *auch früher Anforderungen nicht verweigert* hat.[181]

So gibt es denn am 16. Mai 1974 den ersten Thronwechsel unter den Sozialdemokraten in der Bundesrepublik. Um einen passenden Vergleich zu finden, greift der «Stern» am Tag der Kanzlerwahl ins hohe Bücherbord der Weltliteratur: «Der in moralischem Zweifel zaudernde Hamlet übergibt das Zepter dem Helden des Schwertes, Fortinbras.»

Die Kanzlerschaft

Die Anforderungen und Ansprüche, denen ein Regierungschef gerecht zu werden habe, hatte d i e s e r schon katalogartig niedergelegt, als er gerade Fraktionsvorsitzender geworden war. Vom Mai 1967 stammt ein Aufsatz *Politik als Beruf*, der die behördlichen und parlamentarischen Erfahrungen aus achtzehn Jahren zusammenfaßt. Die folgenden Sätze, die aus etwas längeren Ausführungen verdichtet sind, wurden mit dem Blick auf die oberste Etage der Politik – vorausschauend? – abgefaßt, gelten aber gewiß nicht nur dort.

Welche Qualitäten machen den Steuermann aus, den politischen Führer in einer auf Diskussion angelegten Demokratie? Jenseits der menschlichen Autorität – die ich für eine irrationale Gabe ansehen möchte – muß er folgende Fähigkeiten besitzen: Er braucht die Fähigkeit zur umfassenden Analyse, zur Lagebeurteilung. Er braucht die Befähigung zum Entschluß. Er bedarf der Fähigkeit zur überragenden Argumentation. Alle die ge-

Im Haus in Hamburg-Langenhorn

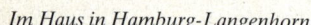

Das Ehepaar Schmidt vor seinem Haus am Brahmsee, August 1974.
Links der Fotograf Jupp Darchinger

nannten Fähigkeiten garantieren noch nicht den Erfolg. Denn wer eine Bürokratie, ein Ministerium, ein Kabinett nicht leiten, und das heißt hier: nicht verwalten kann, muß scheitern – selbst dann, wenn er einen routinierten Verwaltungs-Mann an seiner Seite sitzen hätte. Adenauers hervorragende Eignung zum Regierungschef hing eben zu einem Teil mit der Verwaltungserfahrung des langjährigen Kölner Oberbürgermeisters zusammen. Es mag Politiker geben, die eine ursprüngliche Verwaltungsbegabung

103

Palais Schaumburg, bis 1976 Amtssitz der Bundeskanzler

mitbringen; im allgemeinen jedoch bedürfen sie auf diesem wie auf fast allen anderen Gebieten der langjährigen Ausbildung durch eigene Erfahrung, um Führung ausüben zu können.[182]

Der Einzug ins Bundeskanzleramt – damals noch das Palais Schaumburg – stellte zugleich ein Verlangen ganz anderer Art: dasjenige der gastgebenden Repräsentation. Und hierbei war nicht in erster Linie der Hausherr gefordert, sondern Frau Loki. Sie kam nicht erst jetzt nach Bonn. Schon als er Minister geworden war, 1969, war sie der Ansicht gewesen, sie müsse ihn an Ort und Stelle unterstützen. Natürlich wurde das Langenhorner Reihenhaus, in dessen grüner Umgebung sie jedes Pflänzchen und Hälmchen botanisch benennen kann, nicht aufgegeben, denn: «Hier werden wir bleiben, so lange wir leben.»[183] Den Lehrberuf aber, der ihr wertvoll war, hatte sie seit 1967 nicht mehr ausgeübt, hatte 1972, dreiundfünfzigjährig, die Beurlaubung durch Kündigung besiegelt.

Die wachsenden Pflichten in Bonn glichen einem neuem Beruf. Hans-Jürgen Wischnewski weiß: «Politiker brauchen ihre Ehefrauen, wenn es nicht gut läuft, wenn einen die Sorgen zu erdrücken drohen.»[184] Für Helmut Schmidt ist die Lebensgefährtin, militärisch gesprochen, die rückwärtige Auffangstellung, die Quelle der Kraft und Erneuerung. Das beiderseitige Verhältnis nährt sich aus einem «Riesenmaß an Vertrauen und Vertrautheit»[185], wie sie bekennt. Und er selber fügt an: *Zwar ist Lokis in der Jugend mehrfach wiederholte Prophezeiung nicht eingetroffen, nach der ich später ein Spießbürger mit geregelter Bürozeit und vergoldeter Uhrkette auf dem Bauch sein würde. Aber ebenso wenig bin ich der Architekt und Städtebauer geworden, der ich hatte werden wollen. Statt dessen ist etwas ganz anderes aus mir geworden, und Loki hat diesen anderen, eigentlich unwillentlich betretenen Lebensweg akzeptiert – ohne sie wäre es auch gar nicht gegangen.*[186]

Das Handwerkerkind aus Hamburg war weit gekommen, ohne je seine schönste Tugend, das schlichte Wesen, die Natürlichkeit, zu verlieren. Entsprechend hat sie das Bonner Protokoll, die offiziellen Zwänge, nie sonderlich geschätzt. «Aber die Hamburgerin», so der Vertraute Ben Wisch, «war geradezu preußisch in der Erfüllung ihrer Pflichten, die ihr das Amt ihres Mannes auferlegten.»[187] Dazu gehörte auch, ihn bei allen öffentlichen Auftritten zu begleiten. «Ich bin sein Lieschen Müller. Was die versteht, begreifen auch die anderen. Ich kann immer beobachten, was ankommt.»[188]

Die neue, schwierige Lehrzeit als Kanzlerfrau begann. Einer der Grundsätze in diesem Dienst war für Loki Schmidt das Gewährenlassen nach langem Arbeitstag des Mannes. «Selbst wenn ich vor Neugier platze, frage ich nicht.»[189]

Pragmatismus gegen Utopie

Das war bundesdeutscher Rekord. Nur drei Tage nach der Nominierung Schmidts zum Kanzler stand das neue Kabinett. Den zweitwichtigsten Posten übernahm wie bisher ein FDP-Politiker. Da aber Walter Scheel zum Bundespräsidenten gewählt wurde, nachdem der Sozialdemokrat Gustav Heinemann zu erkennen gegeben hatte, daß er keine zweite Amtszeit auf sich nehmen wolle, folgte der bisherige Innenminister Hans-Dietrich Genscher seinem Parteifreund Scheel als Außenminister und übernahm dann auch den Bundesvorsitz bei den Liberalen. Schmidt / Genscher: Das war ebenfalls eine tragfähige Kombination, nur von Anbeginn geschäfts- und vernunftmäßiger angelegt, ohne die zusätzlichen Kommunikationsdrähte des «persönlichen» Verhältnisses im Führungsgespann Brandt / Scheel.

Die Regierungserklärung am Tag nach der Kanzlerwahl – mit 267 gegen 225 Stimmen – enthielt die Kernsätze: *In einer Zeit weltweit wachsender Probleme konzentrieren wir uns in Realismus und Nüchternheit auf das Wesentliche, auf das, was jetzt notwendig ist, und lassen anderes beiseite. Kontinuität und Konzentration – das sind die Leitworte dieser Bundesregierung.*[190]

Einschneidende Sparbeschlüsse waren hier verhalten angekündigt. Weit weniger beherrscht hatte der Kanzler sich am Vortag gegenüber der Bundestagsfraktion seiner Partei geäußert. Das jüngste regionale Wahlergebnis vor Augen, die Hamburger Bürgerschaftswahl vom März 1974 mit einem Rückgang des sozialdemokratischen Stimmenanteils von 55,3 auf 44,9 Prozent, hatte er den Parteifreunden vorgeworfen, daß Millionen Wähler inzwischen der SPD abhanden gekommen seien. Man habe den Blick für das Erreichbare verloren, sei in die Nähe von Hochstaplern und Illusionisten geraten. Im Stile eines Kapuzinerpredigers redete er sich so in Zorn, daß der Bundespräsident warten mußte, um ihm die Ernennungsurkunde zu überreichen. Die Abgeordneten hörten noch: *Wir haben uns nahe an den Punkt herangegeben, an dem wir für die ganzen siebziger Jahre die Chance verspielen können, ein Mandat zur Gesetzgebung und zur Regierung überhaupt noch erlangen zu können.*[191] Dann eilte er in die Villa Hammerschmidt.

Jedem nüchternen Beobachter war ohnehin klar, daß der hohe Schwung der Reformpolitik zurückgenommen werden mußte, weil die sozialen Wohltaten nicht mehr finanzierbar waren. Allein die Ausgaben im Ressort Bildung und Wissenschaft waren binnen weniger Jahre von 16 Milliarden Mark auf 50 Milliarden gestiegen. Das Zuwenig von früher hatte sich in ein Zuviel gewandelt, unter anderem mit dem Folgeproblem, Hunderttausende Akademiker in einem nur begrenzt aufnahmefähigen Markt unterbringen zu müssen, nachdem die letzten unerschlossenen Reserven an Bildungsfähigkeit mobilisiert worden waren.

War Schmidt ganz schuldlos an der Misere des Wohlfahrtsstaates? Hätte er als Finanzminister, seit Juli 1972, nicht die Ausschüttungen aus dem Füllhorn der Reformen über dem dankbaren Volk energischer drosseln müssen? Natürlich mußte er zum Teil Versprechen einlösen helfen, die älter waren, auch wenn er klar erkannte, daß vor allem von 1969 bis 1972 mehr versprochen worden war, als realisiert werden konnte. Man habe sich übernommen und geglaubt, *man könne in vier Jahren einer Koalitionsregierung das Jahrhundert in die Schranken fordern und Dinge als machbar ankündigen, für die eine Generation erforderlich ist*[192].

Zu den inneren Zwängen zur Sparsamkeit – weil die Staatseinnahmen die Ausgaben nicht mehr deckten, die Neuverschuldung unverhältnismäßig wuchs – kamen die Rückschläge durch die Ölkrise. Sie hatte im Spätjahr 1973 als ein neues Weltthema in den meisten Kabinetten Einzug gehalten und wurde von 1974 an verstärkt wirtschaftsbelastend spürbar. Die Arbeitslosenzahlen in der Bundesrepublik stiegen im Jahr des Kanzlerwechsels von 273000 auf 582000 und 1975 auf über eine Million...

Es hätte dieser zusätzlichen, außengesteuerten Krise durchaus nicht bedurft, um den Übergang von Brandt zu Schmidt eingreifend erscheinen zu lassen; so aber wurde er noch augenfälliger. Denn nicht nur die harten, unerbittlichen Zahlen veränderten das Klima in Bonn. Ein anderer Politi-

Willy Brandt

kertyp war an die Schalthebel getreten, ein nüchternerer, ein Sachwalter mit straffer Führung und dem unnachsichtigen Willen, visionäre Vorstellungen vom Gesellschaftswandel auf das Mögliche, Nützliche, Erreichbare einzugrenzen und endlose Ideologiedebatten rigoros zu beenden.

Willy Brandt, der Vorgänger, war gewiß alles andere als ein Träumer. Er hatte als Regierender Bürgermeister von Berlin den Kommunismus, den Mauerbau, die Fluchtdramen aus nächster Nähe erlebt; gerade er hatte in der Ostpolitik die Träumereien an deutschen Kaminen und Stammtischen zu überwinden versucht. Aber andererseits war er wohlgelitten bei allen, die in ständigen emanzipatorischen Willensakten den allesverändernden Neubeginn erhofften, und auf diesem Gebiet war ihm wohl das Ruder entglitten. Wo er vermeinte, der Pfadfinder auf dem Weg zum endgültig mündigen Bürger zu sein, waren politische Minderheiten an ihm vorbeigezogen, bei denen Reform zur Reformwut, Mündigkeit zur Bevormundung, Evolution zur Revolution ausuferte. Jede Aufbruchsbewegung hat die innewohnende Tendenz zum Fanatismus,

Am Schreibtisch im neuen Kanzleramt, unter dem Porträt August Bebels

und mittlerweile war «in vielen Fällen nicht der Raum der Freiheit, sondern nur die Möglichkeit zum Mißbrauch... gewachsen»[193]. (Marion Gräfin Dönhoff)

Mag Willy Brandt der «sympathischere», weil weichere, nachgiebigere, umgänglichere, gewähren-lassende Repräsentant des Staatlichen sein; mag das Visionäre seine historische Stunde kennen und in solchen Momenten befreienden Ausblick darbieten: Zu anderen Stunden benötigt das Gemeinwesen den bestimmenden Praktiker der Macht, den Architekten des pragmatischen Handelns. Eine solche Lage war vor der Mitte der siebziger Jahre wohl herangereift, so daß der Abgang des Sechzigjährigen aus dem Kanzleramt unabhängig vom äußeren Einwirken des Spionagefalls seine innere Richtigkeit besaß.

Helmut Schmidt schätzt den Ausdruck vom Pragmatiker nicht, jedenfalls nicht unumkleidet und isoliert als Synonym für Technokratie und Machertum. *Das ist das Unvermögen der Kommentatoren herauszufinden, was der Kerl wirklich war; da schreiben sie «pragmatisch», weil sie nicht wissen, was der wirklich im Kopfe hatte.*[194] Er verwendet die Formel selber, nur nicht unverbunden, weil sie sonst sein Wollen verkürzt wiedergibt. *Nach meinem Verständnis ist Politik pragmatisches Handeln zu sitt-lichen Zwecken.*[195] Hier ist Schmidts politisches Weltbild auf die knappe-ste Aussage gebracht.

Er ist der Held des Realen, wobei der Wächter Moral an seiner Seite nicht immer wahrgenommen wird. Nun traf er auf die Eiferer für das Moralische mit schwach entwickeltem Sinn für die Realitäten. Diese An-tithese mußte Konflikte zeugen; der Pragmatiker des Sittlichen stieß mit den Utopisten des Sittlichen funkensprühend zusammen. Daß sie gerade in den eigenen Reihen zu finden waren; daß hier ausschweifende Theorie-diskussionen geführt wurden von begeisterten Anhängern des Dichters Heine:

> ... Wir aber besitzen im Luftreich des Traums
> Die Herrschaft unbestritten

– und daß die Öffentlichkeit den Eindruck von zerrüttenden Flügelkämp-fen in der SPD mit anhaltendem Sympathie-Entzug bei den Landtagswah-len beantwortete, das alles erbitterte den Bundeskanzler. Eine Philippika nach der andern ging auf die Parteifreunde hernieder, am galligsten auf dem Landesparteitag der Hamburger SPD im September 1974. Klassen-kampf konnte dieser grundvernünftige Anwalt des Wirklichen ohnehin nicht ertragen; jetzt erschienen ihm die Systemveränderer sogar existenz-gefährdend.

... Da habe ich gestern jemanden gehört, der hat hier die Profite der multinationalen Ölkonzerne angeklagt als die Ursache für die Ölkrise. Ich bin auch dafür, daß die multinationalen Ölkonzerne unter internationale Kontrolle kommen... Aber was für ein Witz, das Verhalten der Multinatio-nalen als die Hauptursache unserer Sorgen hinzustellen! Wenn heute in den erdölproduzierenden Ländern in diesem Jahr erstmalig 60 oder 80 Milliar-den Dollar zusätzliche, überschüssige Einkommen geschaffen werden durch die Preiserhöhung, dann wird sich ja wohl jeder vorstellen können, daß die woanders weggenommen werden. Wer hat dafür bezahlt? Wir alle, die wir Öl verbrauchen...[196]

Und dann schob er noch ein paar Sätze nach, welche zeigten, wie rück-sichtslos er sich auch in der eigenen Partei unbeliebt zu machen in Kauf nahm, sobald er auf Anzeichen von Realitätsverweigerung zu stoßen glaubte: *Die Weltwirtschaft ist durch diese Verwerfung in eine Krise gera-ten, die ihr nicht begreifen wollt. Ihr beschäftigt euch mit der Krise des eigenen Hirns statt mit den ökonomischen Bedingungen, mit denen wir es zu tun haben.* Und in die Entrüstung hinein: *Ja, ja, ja, ja, ja – es wird ja wohl auch innerhalb der eigenen Partei ein klares Wort erlaubt sein und nicht nur unseren Gegnern in der CDU / CSU gegenüber.*[197]

Wenn Schmidt früher erklärt hätte, er bleibe, selbst wenn er reize, *ganz kühlen Sinnes*[198], dann war er es auch jetzt; dann hat Theo Sommer recht, der ihm nachsagte, Schmidt sei trotz mancher Ähnlichkeiten zu Franz Josef Strauß («derselbe scharfe Intellekt, dieselbe angriffslustige Polemik, dieselbe Kunst der Rede») disziplinierter und konsequenter. «Und anders als Strauß spielen Sie nie so dicht am Rande der eigenen seelischen Abgründe. Ihre Selbstkontrollmechanismen funktionieren besser.»[199] Der Landesparteitag sah das sicher nicht so, sah nicht, wie sehr der scheinbare Augenblickszorn des stellvertretenden Parteivorsitzenden von der viel tieferliegenden Antriebskraft seines wachsamen common sense, seiner geradezu angelsächsischen politischen Urvernunft gesteuert war. Gerade sie ist in Deutschland von jeher ein seltenes Gut. Diese Tatsache machte jenen unwichtigen regionalen Zusammenprall im Grunde zu einem Musterkonflikt im politischen Leben des Helmut Schmidt.

Der «rechte» Sozialdemokrat und entschiedene Verfechter der Marktwirtschaft ging aber mit der Unternehmerseite nicht freundlicher um, bellte sie vielmehr an: *Hören Sie doch auf, so zu tun, als wenn die Regierung die Löhne in Deutschland festsetzt,* und kritisierte den *verbandsoffiziellen Pessimismus.*[200] Den Gewerkschaften wiederum hielt er die Notwendigkeit vor Augen, daß die Gewinne für eine Weile mehr steigen müßten als die Löhne, um der Industrie den Mut zu Investitionen zu geben.

Keine Partei oder Gruppe konnte diesen eigensinnigen Geist bedingungslos für sich in Anspruch nehmen. Keiner unter den deutschen Kanzlern der Nachkriegszeit hat seinen gedanklichen Spielraum so weit über die parteigeographische Placierung hinaus ausgedehnt. Keiner füllte raumgreifender das Spektrum «Staat» an Stelle «nur» des Spektrums «Volkspartei», das ja ohnehin schon nicht gering war im Vergleich zur früheren Klassenpartei SPD. Jedenfalls war es einmal eine bezeichnende Karikatur, auf welcher ein CDU-Wähler unschlüssig das Angebot in einem Laden musterte, weil er am liebsten die «Ware Union» mit der «Verpackung Schmidt» erworben hätte...

Der Krisenmanager

Dem Herold des Aufbruchs mit großem Programm folgte der Krisenmanager, der Teile des Programms zu Ende führte, andere als unrealisierbar zurücknahm. So ist einem der Chronisten der «Ära Schmidt», Wolfgang Jäger, darin zuzustimmen, daß diese achteinhalbjährige Regierungszeit nicht wie die vorhergegangene viereinhalbjährige bilanziert werden könne, denn: «Kein Katalog von Zielen... ist auf seine Erfüllung hin zu überprüfen, weil es einen solchen Katalog nicht gab.»[201] Die Regierung habe sich damit begnügt, der täglichen Herausforderungen Herr zu werden, aber auch Fehlentwicklungen sachte zu korrigieren. Die verbreitete Reformmüdigkeit erleichterte dieses Bemühen.

Wieviel schwieriger war Schmidts Weg auf dem Gebiet, das ihn inner-

staatlich am meisten beschäftigen sollte, dem wirtschaftspolitischen, gegenüber den Herausforderungen an den Vorgänger Brandt! Dieser – und
mit ihm die sozialliberale Koalition – hatte 1969 mitten im Konjunktur-
aufschwung bei kaum spürbarer Arbeitslosigkeit angefangen; jener – und
mit ihm die sozialliberale Koalition – hörte 1982 auf in einer erneuten
Abschwungphase mit fast zwei Millionen Arbeitslosen. Ironie, daß der
ökonomische Laie Brandt lange auf den Wogenkämmen der Wirtschafts-
erfolge geschwommen war und der anerkannte ökonomische Fachmann
Schmidt wiederholt in Wellentälern versank. Wurden hier zum Teil Folgen einer Ausgabenpolitik früherer Jahre sichtbar, in denen der Sozial-
staat sich übernommen hatte, so lag der Hauptgrund doch in der weltweiten Rezession. Die Weltwirtschaft war Weltinnenpolitik geworden.

Rückschauend schrieb Schmidt zusammenfassend über den zweitgenannten Ursachenkomplex und seine Folgen: *Dieses Erdbeben der Weltwirtschaft hat für die ölimportabhängigen Volkswirtschaften schlimme
Konsequenzen gehabt: Verlust der Kaufkraft, höhere Budgetdefizite und
Leistungsbilanz-Defizite, Währungsverfall, inflatorische Preisentwicklun-
gen, zum Teil hohe Auslandsverschuldung, fast überall hohe Arbeitslosigkeit.*[202] Noch 1987, fünf Jahre nach dem Rücktritt, mußte er feststellen:
*Die Entwicklungsländer haben sich von der hohen Auslandsverschuldung
bis heute genauso wenig erholen können wie die Industriestaaten von der
hohen Arbeitslosigkeit. Für fast alle Staaten der Welt hat das Erdbeben in
der Weltwirtschaft von 1972 bis 1982 böse wirtschaftliche Strukturverände-
rungen ausgelöst, deren Spätfolgen noch nicht abzusehen sind.*[203]

Die Krisenstrecke mit den Eckdaten 1972 bis 1982 besaß aber ihre Un-
terbrechungen, ihre Durchlässe. Eine solche entspanntere Lage führte
dazu, daß die Regierung Schmidt/Genscher die Bundestagswahl 1976,
nach einer Kette regionaler Niederlagen, achtbar bestehen konnte. Das
Wahlergebnis von 1972 war natürlich nicht zu halten; die SPD fiel um 3,2
Prozentpunkte auf 42,6 Prozent zurück, die FDP um 0,5 auf 7,9. Zusammen ergab dies 50,5 Prozent. Die CDU/CSU erzielte unter ihrem erstma-
ligen Kanzlerkandidaten Helmut Kohl den bis dahin zweithöchsten Stimmenanteil (48,6 Prozent). Der relative Wahlsieg nützte der Union nichts.
In den heutigen Demokratien mit nicht mehr kraß unterschiedenen Pro-
grammen sind absolute Mehrheiten die große Ausnahme. Da entscheidet
das Pluszeichen zwischen den Prozentanteilen der Koalitionsparteien
über Regieren oder Opponieren. Für die sozialliberale Allianz genügte
das Resultat zum Weitermachen. Helmut Schmidt war Kanzler «aus eigenem Recht» geworden.

Mit diesem Legitimitätsguthaben ging er in eine Amtsperiode, deren
Herausforderungen die bisherigen und fortdauernden Sorgen um die
Wirtschaft in den Schatten stellten. Der Terrorismus in der Bundesrepu-
blik erreichte seinen Höhepunkt.

Längst war die studentische Erneuerungsbewegung der späten sechzi-

DER SPIEGEL

C 7007 CX
Nr. 36
30. Jahrgang · DM 2,50
30. August 1976

**Der Titel-
verteidiger**

SPIEGEL
Gespräch mit
Kanzler
Schmidt

DDR-Soldaten
in Afrika
DDR-Berlins Waffenhilfe

WAHL
'76

ger Jahre gespalten. Unter denen, die aufgebrochen waren, verkrustete Strukturen an den Universitäten, in den Gerichtssälen, in den Behörden zu modernisieren, überlebte Restbestände eines althergebrachten Obrigkeitsstaats zu beseitigen, waren viele in ihrem Ungestüm erlahmt, viele andere hatten den «langen Marsch durch die Institutionen» angetreten gemäß der Parole von Rudi Dutschke [204]; eine Splittergruppe schließlich hatte von früh an den Weg der Gewalt gesucht, wobei die anarchistischen Zwecke alle Mittel heiligen sollten. Männer und Frauen, die das Dritte Reich bewußt erlebt hatten, standen ratlos vor einer Gesinnung, welche Widerstand und Widerstandsrecht propagierte, als hätte man noch den Unrechtsstaat von ehedem. Gegen die immer wieder nachwachsenden Köpfe der Hydra des Terrorismus kämpft Helmut Schmidt wie Herakles, nicht ganz mit dem gleichen Erfolg. Immerhin, nach der Niederlage im Entführungsfall Lorenz 1975 blieb er beim nächstenmal hart. Der Überfall auf Hanns Martin Schleyer in Köln setzte dann jene Spirale von Gewalttaten in Gang, welche mit Sieg und Verlust endete.

In den Wochen der Schleyer-Tragödie, in den Stunden von Mogadischu, wie sie eingangs nacherzählt wurden, bewies der Krisenmanager wieder wie in der Sturmflut-Katastrophe seine Nervenstärke, sein Standvermögen, seine Entschlossenheit. Schmidts Popularität erreichte ihren Höhepunkt. Sogar die Hamburger Parteifreunde, die ihm 1966 den Vorsitz verweigert, 1974 die unfreundlichen Ausfälle sehr verübelt hatten, sie bereiteten ihm im November 1977 Ovationen. *Ich bin als Sozialdemokrat zum Bundeskanzler gewählt worden. Ihr müßt euch auf meine Solidarität verlassen, und das könnt ihr. Ich muß mich auf eure Solidarität verlassen, und das tue ich auch.* [205] «Der Beifall, der nach diesen Worten einsetzte, nahm so orkanartige Formen an, daß Helmut Schmidt einen Augenblick staunend in das weite, grell erleuchtete Rund der Kongreßhalle blinzelte, lautlos fragend, ob wirklich er mit diesem Ausbruch der Begeisterung gemeint sei.» (Ulrich Blank [206])

Eine Regierungszeit in ihren wichtigsten Inhalten auf engem Raum zu kennzeichnen, zwingt zum Systematisieren. Um nicht ständig den Gegenstand wechseln, den kürzlich abgehandelten neu aufgreifen zu müssen, muß nacheinander berichtet werden, was nebeneinander geschehen ist. Von Anbeginn beschäftigte natürlich auch die Deutschland-Politik den Kanzler und sein Kabinett, zumal die SED im Oktober 1974 auf ihrem Kurs der Abgrenzung begrifflich noch weiter von Deutschland abrückte. Hatte die Verfassung von 1949 proklamiert: «Deutschland ist eine unteilbare demokratische Republik ... Es gibt nur eine deutsche Staatsangehörigkeit»; und war 1968 daraus geworden: «Die Deutsche Demokratische Republik ist ein sozialistischer Staat deutscher Nation», so verfügte der Artikel 1 der revidierten Verfassung von 1974 im dritten und letzten Schritt: «Die Deutsche Demokratische Republik ist ein sozialistischer Staat der Arbeiter und Bauern.» Bis auf den Staatsnamen selber war alles Deutsche getilgt. Die Hymne von Johannes R. Becher mit Zeilen wie «Deutschland, einig Vaterland» genoß seither (bis 1989) den Sonderrang in der Welt, nur gespielt, nicht gesungen zu werden.

Der Bundeskanzler verwahrte sich in einer Regierungserklärung am 30. Januar 1975 gegen die sichtbaren Bestrebungen in Ost-Berlin: *Die Deutschen wollen nicht – und wer es etwa wollte, der könnte es nicht – sich von ihrer Zugehörigkeit zur deutschen Nation lossagen.* Und unter dem Beifall des ganzen Hauses wiederholte er Worte von Ernst Bloch: *Man kann nicht durch Volkskammerbeschluß die Zugehörigkeit zu einer zweitausendjährigen Geschichte aufheben.* [207]

Natürlich war Schmidts und Genschers Handeln in den siebziger Jahren von den Vorahnungen großer Umbrüche im Ostblock unberührt. Im

Erich Honecker und Helmut Schmidt bei der KSZE-Konferenz in Helsinki, 1975

deutsch-deutschen Alltag mußten sie sich um ein gedeihliches Nebeneinander bemühen, die Politik der kleinen Schritte fortzusetzen suchen und
ahistorische Ewigkeitsansprüche abweisen, immer im Bestreben, *den
Menschen in Deutschland so viel Möglichkeit zur Nation zu schaffen, wie
sie,* die Regierung, *nur kann*[208]. Da Honeckers Kurs in dieser Grundsatz-
frage genau entgegengesetzt war, ließen die freundlichen Kontaktnah-
men beider Politiker – zum Beispiel auf der Abschlußtagung der Konferenz für europäische Sicherheit und Zusammenarbeit in Helsinki 1975 –
nur begrenzte Spielräume zu. Die Ergebnisse blieben gering, nachdem
der Rahmen des Miteinanders von der Vorgänger-Regierung mit dem
Grundvertrag abgesteckt worden war.

Helmut Schmidts Position in der deutschen Frage blieb während be-
trächtlicher Zeiträume konstant. Die Überzeugung, die seiner Politik als
Kanzler zugrunde lag, hatte er schon zu Beginn der Großen Koalition 1966
ausgesprochen: *Dieses Hohe Haus bekennt sich in allen seinen Gliedern zur
Nation, aber es will keinen Nationalismus.*[209] Unverändert schrieb er 1987:
*Wir Deutschen haben weder damals noch heute den Wunsch oder den Wil-
len aufgegeben, eines Tages wieder unter einem gemeinsamen Dach zu leben.*[210] In diesem Zusammenhang steht aber auch: *Als ich 1974 als neuge-*

wählter Bundeskanzler vor meiner ersten Moskaureise stand, gab es kaum eine Regierung in Europa, welche die Teilung Deutschlands ehrlich bedauerte.[211] Daran dürfte sich wenig geändert haben – was nicht in Widerspruch steht zu einer gewissen Aufgeschlossenheit für den Gedanken künftiger Wiedervereinigung. Wir erleben ja zur Zeit den aufregenden Prozeß, daß Ostmitteleuropa sich wieder als einen uralten Teil des Abendlandes in Erinnerung bringt. Das ist auf die Dauer unumkehrbar. Für Deutschland können daraus vereinigungsfördernde Tendenzen hervorgehen, um so mehr, als die Zukunftsaussichten einer eigenständigen DDR seit dem Umsturz vom Herbst 1989 rapide sanken.

Während Schmidts gesamter Kanzlerschaft regierte im Kreml Leonid Breschnew, dessen Wirken inzwischen in Moskau den Stempel «Stagnation» erhalten hat. Ein deutscher Regierungschef kann nichts dafür, wenn er in wenig bewegungskräftige weltpolitische Konstellationen gestellt wird und daher auf dem für ihn wichtigsten außenpolitischen Feld, der Abrüstung, kaum Fortschritte erzielt wurden. Zusätzlich behindernd spielte hinein, daß auf der Gegenseite in Washington von 1976 bis 1980 ein hochgemuter Baptistenprediger Weltpolitik machte und mit dem Anspruch auftrat, dem Regime in Sowjetrußland mehr Menschlichkeit abzuringen. Im Sinne der KSZE-Schlußakte von Helsinki war Carter völlig im

Mit Leonid Breschnew, 1981. Links im Hintergrund Hans-Dietrich Genscher

Weltwirtschaftsgipfel in Bonn, 1978. Von links: Roy Jenkins, Takeo Fukuda, Giulio Andreotti, Jimmy Carter, Helmut Schmidt, Valéry Giscard d'Estaing, James Callaghan, Pierre Trudeau

Recht, nur staatsklug war es nicht, weil *Europäer, welche russische Geschichte und sowjetische Gegenwart besser kannten, wußten: dieser Versuch würde nutzlos bleiben*[212]. Nicht nur bei der Betrachtung von Carters Menschenrechts-Kampagne, sondern grundsätzlich gilt für Helmut Schmidt der Leitsatz, *daß man im Leben gelegentlich einen Unterschied zwischen der Verfechtung von Rechtsstandpunkten und der politischen Zweckmäßigkeit machen muß,* selbst auf die *Gefahr* hin, *moralisch völlig mißverstanden zu werden*[213].

Was den Kanzler an dem Engagement des Präsidenten verstimmte, war die Voraussicht des doppelten Mißlingens seiner Anstrengungen: Er würde humanitär nichts bewirken, und gleichzeitig konnte alle Mühe, die Rüstung zu begrenzen, vergeblich sein, *weil man den sowjetischen Partnern das Vertrauen nahm*[214].

Am Vertrauen lag dem Kanzler aber gerade wegen seiner Sorgen um das Wachstum der eurostrategischen Waffen der Sowjetunion. Bisher – und weiterhin – standen für die Supermächte Absprachen über die Be-

grenzung der Langstreckenwaffen (SALT) im Vordergrund. Doch seit Mitte der siebziger Jahre installierte die UdSSR zunehmend SS 20-Raketen, die auf Mitteleuropa gerichtet waren. Bräche ein Krieg aus, dann würde zuallererst Deutschland verwüstet werden; die USA blieben außerhalb der Reichweite der SS 20. Schmidts Einwand gegenüber Carter und seinem Sicherheitsberater Brzezinski: die Sicherheit und Verletzbarkeit der Vereinigten Staaten dürfe nicht höher bewertet werden als diejenige Deutschlands. *Ich sprach darüber zu den Amerikanern wie zu den Sowjets mit den gleichen Argumenten,* doch leider unter dem *deprimierenden Eindruck, daß Leonid Breschnew meine Besorgnisse besser verstehen konnte als Jimmy Carter.*[215]

Das Mißverhältnis zwischen der Bundesregierung und der atlantischen Vormacht in diesen Jahren, ungeachtet aller Bilddokumente von strahlenden Shakehands, wird noch nachträglich mit der Bemerkung festgehalten, daß die Weltmacht USA sich über die Interessen der deutschen Verbündeten ohne viel Aufhebens hinwegsetzen zu können meinte.

Etwas Vergleichbares hatte es im Verhältnis zwischen Washington und Bonn seit Johnsons Umgang mit Erhard nicht mehr gegeben.[216] Dabei waren viele grundnüchterne Persönlichkeiten im amerikanischen Establishment davon überzeugt – jenseits aller vordergründigen Aufgeregtheiten in der Fernsehdemokratie USA –, daß ein verläßlicherer und berechenbarerer Partner als Helmut Schmidt gar nicht zu finden sei.

Erst nach Jahren erwachte bei Carter Verständnis für die deutschen Bedrängnisse, so daß die Vereinigten Staaten die NATO-Entscheidung mittrugen, die 1979 als «Doppelbeschluß» in den politischen und militärischen Sprachschatz einging. Die Mitgliedsstaaten einigten sich darauf, Vorbereitungen dafür zu treffen, daß die veraltenden Pershing Ia-Raketen durch moderne Pershing II ersetzt werden; zugleich aber sollte mit der Sowjetunion über die Begrenzung der eurostrategischen Waffen verhandelt werden. Der Doppelbeschluß, für den Schmidt die Urheberschaft beansprucht, glich einer militärpolitischen *Gesamtphilosophie: auf der einen Seite der feste Wille, sich militärisch verteidigungsfähig zu halten und nicht ins Hintertreffen zu geraten, aber auf der anderen Seite, gestützt auf das auf diese Weise gewahrte militärische Gleichgewicht, der ebenso ernste Wille zur Kooperation mit der Sowjetunion*[217].

Vier Jahre wollte die NATO den Sowjets Zeit geben, mit den USA zu einem Einvernehmen zu gelangen; sonst müßte nachgerüstet werden. So wurde es auf der Herbsttagung Mitte Dezember 1979 beschlossen. Vier-

Pershing II-Rakete

zehn Tage später marschierten die Sowjets in Afghanistan ein. Der Kalte Krieg erlitt eine Nachfrostperiode. In Amerika setzte die nächstfolgende, die Reagan-Administration erneut auf Härte und Hochrüstung. Der Doppelbeschluß gewann alle Aussicht, auch im ersten Teil, dem militärischen, verwirklicht zu werden, obwohl die Sowjetunion sich beim Besuch des Bundeskanzlers und des Außenministers zur Jahresmitte 1980 bereit erklärte, mit den USA über die Mittelstreckenwaffen zu verhandeln.

Im übrigen blieb der Kanzler bei diesem Besuch seiner Wesensart treu, die ihm einst den nom de guerre «Schmidt Schnauze» eingetragen hatte. Als er die Sowjets kritisch auf Afghanistan ansprach – gemäß der Devise: *Seit zwanzig Jahren bin ich es gewohnt, meine Gedanken auszusprechen, ohne vorher jemand anders zu fragen*[218] –, geriet der Chefideologe Suslow außer sich und knallte das Redemanuskript auf den Tisch, das er in Übersetzung mitgelesen hatte. Dem Redner wurde, wie er zugibt, bänglich. Dem Löwen in seiner eigenen Höhle auch noch das Futter streitig zu machen, war natürlich eine Herausforderung. *Ich glaube, ich habe von da her sehr viel schneller gelesen, um rasch zum Ende zu kommen.*[219] Ein menschliches Eingeständnis beklemmender Regungen auf russischem Boden, wenn sie auch nicht den Panik-Gefühlen von Klin, 1941, vergleichbar waren... Die Spannung löste sich, als Breschnew am Ende applaudierte und alle in den Beifall einstimmen mußten, auch Suslow.

Afghanistan wurde zum Hemmnis für die weltpolitische Entspannung in den beiden letzten Kanzlerjahren Schmidts. Dem im Spätjahr 1979 in Bonn aufkeimenden Pflänzchen Hoffnung war ein Tritt versetzt worden, und es knickte in sich zusammen. Der westdeutsche Regierungschef sah wohl selber, daß seine eindringliche Mahnung an den Mächtigen im Kreml nicht viel bewirken würde: *Herr Generalsekretär, Sie müssen bitte klar sehen, im Falle eines Scheiterns der bevorstehenden Verhandlungen werde ich für das Zustandebringen einer westlichen Nachrüstung notfalls die Existenz meiner Regierung riskieren, und jede denkbare Bundesregierung wird der Stationierung neuer amerikanischer Waffen zustimmen, wenn es nicht bis Ende 1983 zu einem Durchbruch bei der beiderseitigen Begrenzung der Mittelstreckenwaffen kommt.*[220]

Das war richtig vorausgesehen. Die Regierung, die es dann wirklich tat, war allerdings die Regierung Kohl.

Ein Bündnis zerfällt

Der Bundestagswahlkampf 1980 hatte seine Idealbesetzung: Strauß gegen Schmidt. Das Volk fand seine Wunsch-Matadore in der Arena. Kanzler und Kanzlerkandidat füllten die Kongreßsäle und Marktplätze mit Publikum, welches bei Strauß vor allem begierig auf die Temperamentsausbrüche wartete. Während Schmidt jene drei Grundeigenschaften des

Mit Franz Josef Strauß

Politikers, die er einst an Fritz Erler rühmte, selber in Ausgewogenheit besitzt: Leidenschaft, Verantwortungsgefühl, Augenmaß, so war dem Herausforderer die zweite Qualität in einem weitgefaßten Begriff gewiß nicht abzusprechen, doch an der dritten gebrach es, weil die erste mit ihm durchging. So kam es zu zügellosen Ausfällen, aber auch schwerwiegenden Fehlurteilen (über Kohl etwa: «Er ist total unfähig»[221]). Solche und andere Herabwürdigungen, vorzugsweise innerhalb der weiß-blauen Grenzpfähle, sicherten ihm mehr Neugier als Vertrauen, obwohl das umgekehrte Verhältnis aussichtsreicher gewesen wäre.

Strauß kämpfte an doppelter Front. Er wollte Schmidt besiegen und zugleich dem CDU-Vorsitzenden zeigen, daß die diesmalige Unionsführung im Wahlkampf siegverheißender sei. Was hatte ihn bloß zu diesem Mißverständnis bewegt? Es ist keine bequeme Postfestum-Erkenntnis, daß Strauß scheitern mußte, obwohl die Union nach Adenauer keinen begabteren Kopf besaß als ihn. Viele sahen das Unheil schon damals. Zu

unbeachtet übertrug er das Erfolgswissen aus seiner bayerischen Groß-
machtstellung auf die deutsche Mentalität nördlich der Mainlinie. Dort
aber findet man das Krachlederne nur auf dem Oktoberfest passend und
zugehörig, aber nicht am Staatsruder. Strauß war längst vor der Stimmen-
auszählung geschlagen, zumal er mit einer (noch) SPD-loyalen FDP zu
tun hatte und aus der trotzigen Festung Schmidt mit allen Rohren auf den
Belagerer geschossen wurde.

Am Wahlabend mußte der zweite Unionskandidat in Folge gegen
Helmut Schmidt im Bündnis mit Hans-Dietrich Genscher die Waffen
strecken. Das Ergebnis war eindeutig. Die Union fiel von 48,6 Prozent
(1976) auf 44,5 Prozent aller Stimmen zurück. Die SPD nahm geringfü-
gig von 42,6 auf 42,9 Prozent zu. Die FDP erholte sich noch beachtlicher
und stieg von 7,9 auf 10,6 Prozent. Das war ihr drittbestes Resultat. Der
Kanzler mochte durchatmen und frohlocken, aber es war sein letzter
Sieg. Mit dem schwächeren Wahlergebnis von 1976 (50,5 Prozent) unge-
fährdet regiert zu haben, mit dem stärkeren von 1980 (53,5 Prozent) zu
stürzen – das war der Widerspruch zwischen seinen beiden Wahlerfol-
gen. 45 Mandate Vorsprung vor der Opposition hätten ein sanftes Ruhe-
kissen für die neue Legislaturperiode bedeuten können, und gerade sie
wurde dramatisch abgekürzt, genau zur Halbzeit. Woran lag es? Mehre-
res traf zusammen.

Franz Josef Strauß, der sich gründlich darin geirrt hatte, daß notfalls
«aus den bayerischen Bergen die Rettung» komme [222], hatte andererseits
sicher darin recht, daß die FDP immer dann zu einem Wechsel bereit sei,
wenn sie sich davon mehr Nutzen verspreche, als in der bisherigen Koalition zu verbleiben. Und jetzt sah die Partei im weiteren Verbund mit der
SPD ihre Existenz gefährdet. Die Regionalwahlen der jüngsten Zeit waren eine Kette von Niederlagen. Im Mai 1981 hatte die sozialliberale Koalition in Berlin starke Einbußen erlitten, wobei die FDP auf den vier-
ten Platz hinter den aufstrebenden Alternativen zurückgefallen war. Im
März 1982 erging es ihr in Niedersachsen genauso. Im Juni mißlang den
Freien Demokraten in Hamburg die Rückkehr in die Bürgerschaft wie
schon vier Jahre zuvor – aber die Grün-Alternativen gelangten mühelos
hinein.

Noch ängstlicher als früher schon starrten die Liberalen bei jeder Re-
gionalwahl auf die Fünf-Prozent-Hürde, ihr Überlebensminimum. Sollte
die Partei infolge der parteilichen Bedrohung aus der ökologischen Sor-
genecke zu einer entbehrlichen Geringfügigkeit werden, zu einer quan-
tité négligeable? In der Parteizentrale am Bonner Talweg suchte man ge-
ängstigt einen Weg aus dem Tal.

Von den Wegen, die hinausführen konnten, zeigte einer in Richtung
«Union». Ihn zu begehen, halfen sogar viele Sozialdemokraten zum Ver-
druß des Kanzlers mit. Der Grund lag zum großen Teil in der zweiten
Wirtschaftskrise seiner Amtszeit. Die erneut scharf ansteigenden Ölpreise

sowie, hierzu parallel, der Vormarsch der Elektronik, sie ähnelten zusammen einer Sturmflut, die immer mehr Arbeitsplätze fortschwemmte. Der Herr der Flut aus den Hamburger Februartagen 1962 konnte zwanzig Jahre danach nicht mit vergleichbarem Erfolg operieren, denn die Koalition war nicht mehr auf eine verbindliche Wirtschaftsstrategie festzulegen.

Die Notwendigkeit zu kürzen, zu streichen, Subventionen abzubauen zu Lasten wohlerworbener Errungenschaften war großen Teilen der SPD und den Gewerkschaften unerträglich. Die gesellschaftliche Anpassungskrise, das Gesundschrumpfen des zu prallen Wohlfahrtsstaats – von der FDP dringend verlangt – mußte in der weltanschaulichen Linken unannehmbar erscheinen; wofür hatte man jahrzehntelang gekämpft?

Hier fühlte sich besonders der Parteivorsitzende Brandt herausgefordert. Hatte doch gerade er viel von dem durchgesetzt, was jetzt geopfert werden sollte. Schon längst stimmte das Verhältnis zwischen dem Regierungs- und dem Parteichef nicht mehr, nachdem Schmidt ursprünglich geradezu nach der Moltke-Devise hatte handeln können: getrennt marschieren, vereint schlagen. Brandt hatte ihm die Mühsal mit der Partei abgenommen, Wehner die mit der Fraktion.

Brandt war es überdies, welcher auf dem dritten koalitionskritischen Gebiet – nach der Existenzangst in der FDP und den wirtschaftlichen Korrekturzwängen – deutlich gegen Schmidt Stellung bezog: in der Nachrüstungsfrage. *Auf dem linken Flügel der SPD wollte man den Doppelbeschluß* der NATO, für den Schmidt sein Prestige eingesetzt hatte, *am liebsten ersatzlos gestrichen sehen.*[223] In dem Zusammenhang wird Brandts Name ausdrücklich erwähnt. Mochte der Kanzler seinen Parteifreunden leidenschaftlich vor Augen halten, daß *die Sowjets sich nicht nach der Bergpredigt richten*[224] und eines Tages politische Erpressungspolitik treiben könnten – die Friedensbewegung war unaufhaltsam und zog dem Bundeskanzler weiteren Boden unter den Füßen weg.

Im Verlauf des Jahres 1982 wird das Ansehen des sozialliberalen Bündnisses immer geringer; es beginnt zu zerfallen, auch wenn der Regierungssprecher Klaus Bölling über die Gabe verfügt, «einen Schleifstein als einen Goldklumpen zu verkaufen»[225] (Franz Josef Strauß). Der FDP-Vorsitzende, Vizekanzler und Außenminister, von dem Helmut Kohl sagt: «Ein Tag ohne Flug ist für Hans-Dietrich ein verlorener Tag»[226], besitzt ungeachtet seiner Reisewut ein untrügliches Gespür für die atmosphärischen Schwankungen in der Innenpolitik daheim. Schon im August 1981 hatte er mit verhüllten Worten auf die Notwendigkeit einer Wende verwiesen. Jetzt, ein Jahr später, wiederholt er mit größerer Deutlichkeit, «daß die Aufgaben, die einer Demokratie gestellt sind, sich ihre eigenen Mehrheiten suchen»[227].

Den Ausschlag scheint am Ende der Wirtschaftsminister zu geben. Nicht nur hält Otto Graf Lambsdorff die in der SPD geforderten staat-

Demonstration der Friedensbewegung in Bonn

lichen Konjunkturhilfen für «Marterinstrumente aus der sozialistischen Folterkammer»[228]; er stellt außerdem ein Thesenpapier über die wirtschaftspolitisch für nötig erachteten Maßnahmen auf. Dem Kanzler treibt der *Scheidungsbrief*[229] die Zornesröte ins Gesicht. Schmidt, der rein marktwirtschaftlich kaum anders denkt als sein Minister, muß natürlich mutmaßen, daß die Thesen, die in der SPD nicht durchsetzbar sind, nur einen demonstrativen Abgang sichern und als Morgengabe einer neuen Koalitionsehe dienen sollen.

Er weiß nun endgültig, daß die Liberalen fortstreben. Er sucht den Reiseantritt zu beschleunigen und ruft den Koalitionspartnern am 9. September 1982 im Bundestag zu, *daß man reisende Leute nicht aufhalten soll*[230]; daß es auch Grenzen des Zumutbaren gebe. Als besondere Zumutung empfand er sechs Jahre darauf die Version in einer Genscher-Biographie, daß nicht die politische Zerrüttung, sondern eine gesundheitliche und psychische ihn veranlaßt hätte, das Bündnis zu beenden. *Was die gesundheitliche Beeinträchtigung angeht, da ist etwas Richtiges dran – aber die lag im Herbst 1981; der Herzschrittmacher hat damals alles in Ordnung gebracht. Und den möchte ich sehen, der den Schmidt jemals psychisch zerrüttet gesehen hat.*[231]

Die letzten taktischen Schrittfolgen vor dem Ende der sozialliberalen Parteiengemeinschaft zu schildern, würde ihren Leistungen nichts hinzufügen, den Respekt nicht mindern. Hier ging es um Gesichtwahren, selbst-

Oktober 1982: Helmut Schmidt räumt den Kanzler-Stuhl für Helmut Kohl. An der Wand hängt bereits ein Adenauer-Porträt

achtendes Abtreten, Neuformation. Unerheblich auch, ob Schmidt *gezwungen* gewesen sei, *die FDP-Minister zu entlassen*[232], oder ob sie am 17. September der Entlassung durch Rücktritt zuvorgekommen sind. Das ist bis heute strittig. Die neuen Partner Kohl und Genscher beschlossen, die Wachablösung am Staatsruder in Bonn am 1. Oktober nach Artikel 67 des Grundgesetzes zu vollziehen. Was 1972 mißlungen war, 1982 gelang es: Zum erstenmal wurde ein deutscher Bundeskanzler durch das Konstruktive Mißtrauensvotum abgelöst. Eine ausreichende Mehrheit des Hauses – 256 gegen 235 Stimmen bei vier Enthaltungen – wählte Helmut Kohl zum sechsten Bundeskanzler der Bundesrepublik Deutschland. Nach langem Warten war der Zweiundfünfzigjährige am Ziel.

Zuvor hatte der scheidende Kanzler gesprochen. Anfänglich verhehlte er nicht seine Verbitterung über den *Mangel an Glaubwürdigkeit* bei *dieser Art eines Regierungswechsels*[233], doch glich der längste Teil der Rede

124

eher einem politischen Testament: nüchtern, sachbezogen, eindringlich. Es war ein Thesenkatalog, den er sowohl als bisherige Leistungen der dreizehn sozialliberalen Regierungsjahre wie auch als Forderungen an die Zukunft vortrug. Die wiederholte Erste Person pluralis – *wir Sozialdemokraten* – wechselte erst zum Schluß hin in den Tonfall des persönlichen Ichs: *Ich habe der sozialliberalen Koalition dreizehn Jahre lang gedient. Ich habe dies aus Überzeugung und mit innerer Befriedigung getan, weil ich wußte, daß dies ein notwendiger Dienst an unserem Land und an der geteilten Nation war. Ich habe unserem Land, unserem Staat in verschiedenen Ämtern dienen dürfen. Dabei kommt viel politische Erfahrung, viel Lebenserfahrung zusammen. Ich denke in Dankbarkeit an diejenigen, die mich in diese Ämter berufen haben, und in Dankbarkeit an jene, die mir in meinem Dienst geholfen haben.*[234]

Sieht man auf die Reihe der deutschen Bundeskanzler, so zeigt sich, daß der erste, vierte und sechste für einen bedeutenden Anfang oder Wendepunkt, eine Öffnung stehen, der zweite, dritte und fünfte eher einen Übergang repräsentieren. Ginge es dabei immer nach Kraft, Persönlichkeit und Charisma, dann würde Helmut Schmidt gewiß nicht in die zweite Gruppe gehören, die der weniger «geschichtlichen» Zeitabschnitte. Sehr viel Unbeeinflußbares, Überpersönliches spricht bei solchen Zuordnungen mit.

Unter allen Leistungen Konrad Adenauers wird die der Versöhnung mit Frankreich am gedenkwürdigsten in Erinnerung bleiben. Willy Brandt hat das Tor zum Osten aufgestoßen und ist entschlossen in das verwüstete Nachbarschaftsfeld der Slawen hineingegangen. Helmut Kohls Kanzlerschaft schließlich geriet außenpolitisch in den großen Umbruch, der in der Sowjetunion eingeleitet, nach Polen und Ungarn übergegriffen, im Herbst 1989 die DDR erfaßt hat und Schritt für Schritt den ganzen einstigen Ostblock umgestalten, vielleicht absehbar Deutschlands Wiedervereinigung bringen wird.

In diesem dritten Anwendungsfall von «Neubeginn» oder «Wende» war also die Bundesregierung nicht aktiv und tonangebend. Sie konnte nur weltpolitischer Teilhaber am aufregenden Geschehen sein, um es dann freilich, bei laufender Fortentwicklung, ihrerseits mit zu beeinflussen. Unzweifelhaft, daß speziell die deutschen Verhältnisse zu keinem Zeitpunkt seit dem Zweiten Weltkrieg derart in Bewegung waren, wie sie es neuerdings sind.

Zwischen solchen Erhebungen auf dem Nachkriegsweg dehnen sich die flacheren Strecken. Ludwig Erhard, als «Vater des Wirtschaftswunders» hochangesehen, blieb als Regierungschef ohne deutliches Profil. Kurt Georg Kiesinger konnte es in der ebenso kurzen Regierungszeit von drei Jahren genausowenig gewinnen. Die Große Koalition war nur ein Versuchsfeld demokratischer Kompromisse, insofern aber eine geglückte Bewährungsprobe auf Zeit.

Helmut Schmidt gehört gleichfalls zu den Übergangskanzlern, trotz seiner Ausstrahlungskraft, seiner immensen Energie, seines staatsmännischen Formats. Und nur wegen dieser Eigenschaften hat er unter besonders widrigen wirtschaftlichen Umständen, stürmischer Innenpolitik, weltpolitischer Stagnation achteinhalb Jahre regieren können. Nicht nach dem historisch Bleibenden seiner Kanzlerjahre sollte man forschen, um ihn daran zu messen, sondern am Vermögen, so viele Erschwernisse so lange bewältigt zu haben. Die Statur war den Herausforderungen gewachsen. Auch noch Überschüsse zu verlangen, «Epochales» als Guthaben für die Geschichtsbücher, wäre nicht gerecht.

Er ist der Meister des Realen. Dem nahezu irrtumsfreien Wirklichkeitssinn des Außenpolitikers Bismarck, des späten Stresemann ist, vergleichbar, wohl erst wieder Helmut Schmidt an die Seite zu stellen. In Deutschland ist das ein seltener Ruhm.

Vom Geist der Politik

Ich liebe diese Stadt mit Wehmut, denn sie schläft, meine Schöne. Sie träumt. Sie ist eitel mit ihren Tugenden, ohne sie recht zu nutzen. Sie genießt den heutigen Tag, und sie scheint den morgigen für selbstverständlich zu halten. Sie sonnt sich ein wenig zu selbstgefällig und läßt den lieben Gott einen guten Mann sein.[235]

Die Eingangsworte des Hamburg-Films von Helmut Schmidt vom September 1986 gleichen fast wörtlich der sanften Ermahnung vom Juli 1962. Die Schöne schien also in dem Vierteljahrhundert seit dem Weckruf des Innensenators noch immer nicht erwacht zu sein. Der Unterschied in den beiden Anrufen war nur der, daß der zweite sich mit reinem Stimmungsmalen begnügte; er wollte eigentlich gar nichts ändern. Vielleicht ist der lokalpatriotischen Selbstgenügsamkeit des Hanseatentums ohnehin nicht beizukommen.

Wenigstens ehrte es seinen heimischen Großen früher als manchen anderen – nämlich zu Lebzeiten. Dem *preußischen Hanseaten*[236] wurde 1983 die Ehrenbürgerwürde zuteil, einen Tag vor dem 65. Geburtstag. Viele kamen zu dem Anlaß auch von weit her, so der frühere französische Staatspräsident. Valéry Giscard d'Estaing nannte den Politikerkollegen, mit dem er in gemeinsamen Tagen der Macht geradezu freundschaftlich verkehrt hatte, «den bekanntesten und meistgeehrten Deutschen der heutigen Zeit in Europa und der Welt, einen Mann von großer Klugheit und tiefer Herzensgüte», und bezeichnete den leicht entflammbaren Bach-Liebhaber und Kenner des Wohltemperierten Klaviers als «den schlechttemperierten Kanzler»[237].

Helmut Schmidt wohnt erstmals seit seiner Jugendzeit wieder ständig in der Vaterstadt. Mehr noch: Er fand sich in ein neues Metier, ausgerechnet dasjenige, von dem er als aktiver Politiker nur Bedrängnis verspürt hatte. Der Anstoß war von Gerd Bucerius gekommen. «Wir müssen für den armen Schmidt was tun.»[238] In dem neuen Halbberuf eines Herausgebers der «Zeit», worin ihm Muße für Vortragsreisen und Bücherschreiben bleibt, dort erwies er sich dem Verleger gegenüber mit dem Kompliment erkenntlich: *Diesem Mann verdanke ich, daß ich heute rundum zufrieden bin.*[239] Das ging allerdings nicht ohne einiges Lehrgeld. «Buz» im Rückblick: «Anfangs hatte Schmidt vom Geschäft [des Zeitungsmachens]

127

manchmal abenteuerliche Vorstellungen. Aber dann sagte man ihm: So geht das nicht. Das sah er sofort ein und vergaß es auch nicht. Er ist ungeheuer lernfähig.»²⁴⁰

Die *in die Tiefe lotende, zum Nachdenken zwingende Wochenzeitung*²⁴¹ hatte ihm schon früher gefallen, wenngleich sie nie «aus einem Guß» bestand: Im Feuilleton ist sie linker als in der Politik, in der Wirtschaft rechter als in der Politik, diese selber nur ungefähr mit «halblinks» anzu- deuten, ebenso wenig festzulegen wie die entsprechenden Parteigruppie- rungen. In Bonn gibt es zwischen mittlerer und rechter Sozialdemokratie, zwischen christdemokratischen Sozialausschüssen und Liberalismus keine politischen Eiweiß-Unverträglichkeiten; jeder könnte jedem Blut spenden.

Nicht mehr wie früher sieht der Lernfähige in den Journalisten haupt- sächlich *Wegelagerer und Indiskretins*²⁴², hat vielmehr erkannt, wieviel Sachverstand, Fachwissen und Urteilsvermögen in einer seriösen Redak- tion versammelt sind. Angebliche *Journalistenfeindlichkeit* will er rück- blickend als *Mißverständnis* gewertet wissen; will schon immer gewußt haben, daß der Journalist ein Sammelbegriff sei wie der Politiker und daß *die Skala in beiden Bereichen vom Beinahe-Kriminellen bis zum Staats- mann* reicht.²⁴³

Helmut Schmidt darf von sich sagen, daß er seit vielen Jahren *zum Journalismus gehöre*[244]. Wenn er als solcher in seinem Blatt Artikel schreibt, bringt er ein unvergleichliches Erfahrungswissen aus dem öffentlichen Leben mit, ohne doch von seiner Grundnatur her ein Schreibender zu sein, im Gegensatz zum R e d n e r von Geblüt. Dem ersteren geriete nie ein Wortungetüm wie *Rüstungsbegrenzungsverhandlungen*[245] aufs Papier. Es würde auch in jeder Redaktion beim Gegenlesen abgeändert werden; lediglich Verlagslektoren lassen dergleichen aus Ehrfurcht vor dem berühmten Namen stehen. Natürlich sieht dieser Autor immer darauf, die behandelte Sache so klar wie möglich zum Ausdruck zu bringen. Das Ansinnen, darüber hinaus den Stil um seiner selbst willen zu feilen und zu schleifen, würde auch dem heute weniger als früher gehetzten Buchautor Schmidt als Zeitverschwendung erscheinen.

Der Rückzug aus der Tagespolitik verlief in Schritten. Nach dem Kanzlersturz hatte es zunächst ein zähes Hin und Her um die Frage gegeben: erneute Spitzenkandidatur für den Wahlkampf 1983 oder nicht? Lokis Abneigung («Er hat mehr als seine Pflicht getan»[246]) und der eigene Widerwille gegen einen erneuten *Einberufungsbefehl*[247] überwogen am Ende die Loyalität gegenüber der drängenden Parteispitze. Daß die SPD

Ausgabe vom 15. Dezember 1989

1983 auf einem Sonderparteitag nahezu einmütig den Doppelbeschluß der NATO (hinsichtlich des Teils Nachrüstung) ablehnte, zeigte dem Altbundeskanzler, wie vereinsamt er inzwischen in seiner Partei dastand und wie richtig er gehandelt hatte, sich diesen Enttäuschungen nicht länger auszusetzen.

Er gehörte zwar noch in der folgenden Legislaturperiode 1983 bis 1987, die mit Kohls Wahlsieg und Verlusten der FDP wie auch der SPD eingeleitet worden war, als Abgeordneter dem Zehnten Bundestag an; doch am 10. September 1986 hielt er seine Abschiedsrede. Nach 33 Jahren endete eine große parlamentarische Laufbahn. Diese allerletzte Rede war anders als die letzte des Kanzlers. Auf weiten Strecken bot sie weit weniger als jene eine Bilanz, ein Vermächtnis mit Voraus- und Rückwärtsschau; sie war kampfbetonte Tagespolitik, parlamentarischer Stellungskrieg. Freilich, an Empfehlungen, Rechenschaft mangelte es nicht, Erinnerungen an harte Debatten flossen ein, aber auch Dankgefühle gegenüber Männern und Frauen des Parlaments, die ihm etwas bedeuteten, die ihm Wege geebnet, von denen er gelernt hatte. Zum Schluß aber sagte er dies:

So möchte ich uns aufrufen zur Besinnung auf das Ethos eines politischen Pragmatismus in moralischer Absicht, unter moralischer Zielsetzung. Das heißt, das, was wir erreichen wollen, das, was wir tun wollen, das muß moralisch begründet sein ––[248]

Pragmatismus in moralischer Absicht: In dieser Doppelheit allein hat Helmut Schmidt von jeher Politik anerkennen können. Das nüchterne Durchsetzen von Absichten ohne sittliches Fundament gilt ihm als leichtfertig und letztlich bodenlos, die moralische Absicht ohne die dazugehörige praktische Vernunft hält er für blauäugig und weltfremd. Daß der Politiker Schmidt eher in der ersten Eigenschaft gesehen wird, sozusagen am Trapez des Pragmatismus ohne moralisches Netz, darf er beruhigt als ein Verkennen werten; denn mehr als andere Politiker hat gerade er immer wieder die Zusammengehörigkeit beider Elemente betont. Verständlich, daß sein durchdringender Sachverstand, seine sprungbereite Handlungsfähigkeit ohne Schrecksekunde stets die Blicke mehr auf sich gezogen hat als dasjenige, was ihn zu Tun und Wollen bewegte. Sein wirkungsvoll zugeschnittenes Lebensgewand verdeckt das solide moralische Unterfutter; aber es ist da.

In Wahrheit aber ist Politik, schrieb der Hamburger Innensenator im August 1962 in der «Zeit», *nichts anderes als die Anwendung feststehender sittlicher und politischer Grundsätze auf wechselnde Situationen.*[249] Oder dies, 1969: *Ein Staat, seine Institutionen und seine politischen Repräsentanten und Führer können und sollen nicht die geistige Führung unseres Volkes beanspruchen. Man darf sie auch nicht von ihnen verlangen. Trotzdem bleibt eines richtig: Wo es nicht gelingt, den ideellen Gehalt der Politik und ihr sittliches Fundament deutlich zu machen, dort könnten sich die Bürger von der Politik abkehren, denn dort schwindet das Bewußtsein ihrer Gemeinsamkeit, dort ergibt sich die Gefahr des Ausweichens in ideologische Abwege.*[250]

Der Staat, die Politik können nicht den Geist verwalten wollen, aber sie dürfen ihrerseits nicht geistlos sein. Vom Geist der Politik, ihrem Sittengesetz, wußte d i e s e r Politiker schon immer viel. Liegt es daran, daß ihm Immanuel Kant mit seinem Kategorischen Imperativ moralischen Verhaltens und Marc Aurel mit dem angewandten Staatsethos von früh an Begleiter waren? Besonders den römischen Kaiser und Anhänger der stoischen Philosophie sieht er als einen Wegweiser für den vernünftigen, pflichtbewußten, bescheidenen Dienst am Staat.

«Von Apollonius habe ich die freie Denkart, die ohne Wanken doch bedachtsam ist und nicht im mindesten etwas anderes als die Vernunft sich zum Leitstern wählt. Das Leben meines Vaters war für mich eine Schule ... unerschütterlicher Beständigkeit in allem, wofür er sich einmal

nach reiflicher Überlegung entschieden hatte... ein Mann, der bei seinem Tun allein die Pflicht, nicht aber den durch Handlungen zu gewinnenden Ruhm im Auge hatte. Mein Bruder Severus war mir ein Vorbild der Wahrheit und des Rechts. Durch ihn... gewann ich eine Vorstellung von einem Staat, der nach gleichen Gesetzen und nach dem Grundsatz der Bürger- und Rechtsgleichheit verwaltet, und von einem Reich, wo die Freiheit der Bürger höher denn alles geachtet wird...»[251]

Könnte nicht dies alles auch sein ferner Schüler von sich gesagt haben, 1800 Jahre danach?

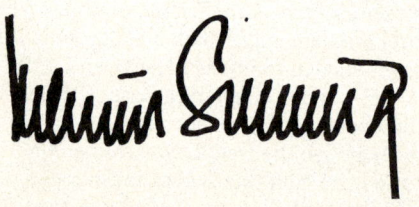

Anmerkungen

Hinter der laufenden Zitatnummer wird der Verfassername und die Seitenzahl der betreffenden Schrift genannt. Der volle Titel ist im Literaturverzeichnis zu finden. Enthält es mehrere Arbeiten eines Verfassers – was hier vor allem für Helmut Schmidt selber gilt –, so wird mit unterscheidender Kurzform zitiert. Der volle Nachweis wird nur dann an Ort und Stelle geliefert, wenn die Bibliographie die Quelle nicht aufführt. Das Kürzel a. a. O. gilt stets nur für die letztgenannte Belegstelle.

1 «Der Spiegel», 17. 10. 1977, S. 19
2 Berkhan, 234
3 Carr, 148
4 Wildermuth, 293 f
5 Berkhan, 235
6 Dt. Bundestag, 8. Wahlperiode, 42. Sitzung, 15. 9. 1977
7 «Der Spiegel», 17. 10. 1977, S. 24
8 a. a. O., 26
9 Wildermuth, 296
10 ebd.
11 siehe Anm. 6
12 «Der Spiegel», 24. 10. 1977, S. 30
13 a. a. O., 9
14 ebd.
15 Carr, 151
16 Berkhan, 226 f, 233 f
17 Carr, 151
18 «Der Spiegel», 24. 10. 1977, S. 9
19 a. a. O., 16
20 a. a. O., 17
21 dpa-Meldung vom 19. 10. 1977, 18 Uhr 35
22 siehe Anm. 18
23 Dt. Bundestag, 8. Wahlperiode, 50. Sitzung, 20. 10. 1977
24 Wildermuth, 299
25 Helmut Schmidt am 8. 12. 1988 im Gespräch mit dem Autor
26 Krause-Burger, 62

27 a. a. O., 66
28 Italiaander, 99
29 Berkhan, 25
30 *Menschen,* 211 f
31 Italiaander, 83
32 Berkhan, 25
33 ebd.
34 siehe Anm. 25
35 ebd.
36 ebd. sowie: Leserbrief Schmidts, «Die Zeit», 28. 9. 1984
37 siehe Anm. 25
38 Gaus, 230
39 ebd.
40 Italiaander, 106
41 a. a. O., 76
42 a. a. O., 69
43 a. a. O., 78
44 alle Angaben nach Krause-Burger, 69
45 a. a. O., 75
46 ebd.
47 *Menschen, 18 f*
48 a. a. O., 19
49 a. a. O., 20
50 a. a. O., 21
51 Gaus, 239 f
52 *Menschen, 160*
53 siehe Anm. 25
54 Italiaander, 80

55 siehe Anm. 25
56 Italiaander, 80
57 Gaus, 229
58 Berliner Aufzeichnungen aus den Jahren 1942–1945. München 1962; hier: München 1964, S. 285
59 Gaus, 222
60 Carr, 21
61 alle Briefzitate nach: Die Hassell-Tagebücher 1938–1944. Aufzeichnungen vom Andern Deutschland. Hg. von Friedrich Freiherr Hiller von Gaertringen. Berlin 1988, S. 446
62 Italiaander, 80
63 «Stern», 26.2.1976
64 Italiaander, 82
65 ebd.
66 ebd.
67 ebd.
68 Gaus, 219; Krause-Burger, 79
69 siehe Anm. 25
70 Krause-Burger, 80
71 siehe Anm. 25
72 ebd.
73 Krause-Burger, 85
74 zit. nach Heinrich Jaenecke: 30 Jahre und ein Tag. Die Geschichte der deutschen Teilung. Düsseldorf 1974, S. 120
75 siehe Anm. 25
76 Carr, 23
77 Berkhan, 19
78 siehe Anm. 25
79 «Frankfurter Allgemeine Zeitung», Magazin, 2.5.1980
80 siehe Anm. 25
81 Beiträge, 10 f
82 a.a.O., 9 f
83 Menschen, 161
84 ebd.
85 Beiträge, 62 f
86 Carr, 29
87 Beiträge, 12
88 Menschen, 167
89 a.a.O., 163
90 a.a.O., 168
91 ebd.
92 a.a.O., 167
93 ebd.
94 Beiträge, 267, 253
95 Krause-Burger, 102
96 a.a.O., 101
97 siehe Anm. 25
98 Gaus, 237
99 a.a.O., 236
100 Beiträge, 381
101 a.a.O., 380
102 a.a.O., 383, 390
103 a.a.O., 209
104 a.a.O., 215
105 a.a.O., 216 f
106 Gaus, 227
107 a.a.O., 226
108 Beiträge, 226
109 Carr, 113
110 Beiträge, 35
111 a.a.O., 37
112 ebd.
113 a.a.O., 35
114 a.a.O., 36
115 «Der Spiegel», 28.2.1962, S. 17
116 a.a.O., 20
117 a.a.O., 22
118 a.a.O., 25
119 Berkhan, 33
120 ebd.
121 «Der Spiegel», 28.2.1962, S. 26
122 Berkhan, 33
123 a.a.O., 35
124 Blank/Darchinger, 24
125 Berkhan, 34
126 Beiträge, 24
127 Blank/Darchinger, 24
128 ebd.
129 Berkhan, 34
130 a.a.O., 37
131 a.a.O., 45, 43
132 a.a.O., 42
133 a.a.O., 38
134 Ein Mann, 34 f
135 Krause-Burger, 118
136 Blank/Darchinger, 16
137 Beiträge, 170 f
138 a.a.O., 171, 169 f
139 a.a.O., 612
140 a.a.O., 611
141 ebd.

142 a.a.O., 175
143 Blank/Darchinger, 15
144 a.a.O., 16
145 Italiaander, 170
146 Krause-Burger, 122
147 a.a.O., 123
148 Blank/Darchinger, 17
149 Krause-Burger, 126
150 Blank/Darchinger, 17
151 ebd.
152 ebd.
153 *Gleichgewicht,* 18
154 a.a.O., 73
155 ebd.
156 a.a.O., 213
157 a.a.O., 218
158 a.a.O., 253
159 a.a.O., 245
160 a.a.O., 13f
161 *Menschen,* 87
162 Carr, 81
163 «Die Zeit», 17.5.1974
164 Krause-Burger, 130f
165 a.a.O., 131
166 *Gleichgewicht,* 301
167 Berkhan, 73
168 Blank/Darchinger, 17
169 *Gleichgewicht,* 270f
170 Berkhan, 61
171 a.a.O., 66
172 ebd.
173 *Menschen,* 200
174 a.a.O., 199
175 Wildermuth, 242
176 «Stern», 16.5.1974
177 Nayhauß, 14
178 «Stern», 16.5.1974
179 ebd.
180 Berkhan, 79
181 Carr, 107
182 *Beiträge,* 22ff
183 Italiaander, 50
184 a.a.O., 165
185 a.a.O., 49
186 a.a.O., 325
187 a.a.O., 165
188 a.a.O., 144
189 a.a.O., 49
190 Wildermuth, 247

191 Jäger/Link, 13
192 Dönhoff, Menschen, 148
193 Dönhoff, Von Gestern, 180
194 siehe Anm. 25
195 Dönhoff, Von Gestern, 184
196 Wildermuth, 249
197 a.a.O., 250
198 Gaus, 226
199 «Die Zeit», 17.5.1974
200 Dönhoff, Menschen, 152
201 Jäger/Link, 263
202 *Menschen,* 452
203 ebd.
204 Klaus Hildebrand: Von Erhard zur Großen Koalition. 1963 bis 1969. Stuttgart–Wiesbaden 1984, S. 383
205 Blank/Darchinger, 33
206 ebd.
207 Wildermuth, 257
208 ebd.
209 *Beiträge,* 165
210 *Menschen,* 41f
211 a.a.O., 41
212 a.a.O., 84
213 a.a.O., 58f, 85
214 a.a.O., 84
215 a.a.O., 228
216 a.a.O., 229
217 Jäger/Link, 321
218 a.a.O., 332
219 Dönhoff, Von Gestern, 212
220 *Menschen,* 126
221 Dönhoff, Von Gestern, 197
222 «Der Spiegel», 28.8.1989, S. 28
223 *Menschen,* 292
224 Dönhoff, Von Gestern, 223
225 «Der Spiegel», 28.8.1989, S. 59
226 Carr, 209
227 Nayhauß, 452f
228 Carr, 225
229 Nayhauß, 457
230 Jäger/Link, 247
231 «Stern», 22.9.1988
232 *Menschen,* 334
233 *Abschiedsreden,* 11
234 a.a.O., 23
235 Ein Mann, 1
236 a.a.O., 23

237 Carr, 241
238 Nayhauß, 472
239 a.a.O., 481
240 a.a.O., 484
241 «Stern», 29.9.1988
242 ebd.
243 *Menschen,* 170
244 «Frankfurter Allgemeine Zeitung», 12.7.1989
245 *Menschen,* 84

246 Nayhauß, 475
247 a.a.O., 476
248 *Abschiedsreden,* 70
249 *Beiträge,* 505f
250 *Gleichgewicht,* 317
251 zit. nach: Ludwig Marcuse (Hg.): Ein Panorama europäischen Geistes, Texte aus drei Jahrtausenden. Bd. 1, S. 362ff. Zürich 1977

Zeittafel

1918	9. November: Revolution in Berlin, Proklamation der Republik 11. November: Waffenstillstand 23. Dezember: Helmut Schmidt in Hamburg geboren. Vater: Gustav Schmidt (1888–1981), Volksschullehrer, später Diplom-Handelslehrer; Mutter: Ludovica geb. Koch (1890–1968). Kindheit und Jugend im Stadtviertel Barmbek
1921	Juni: Geburt des Bruders Wolfgang; später Pädagoge im Hamburger Randgebiet
1925–1929	Volksschulbesuch in der Wallstraße
1929–1937	Schüler der von Fritz Schumacher erbauten Lichtwark-Schule am Hamburger Stadtpark (heute Heinrich-Hertz-Schule). Mitschülerin: Hannelore («Loki») Glaser, geboren März 1919
1934	März: Konfirmation
1934–1936	Scharführer in der Marine-HJ. Kurz vor dem achtzehnten Geburtstag suspendiert
1937	Ostern: Abitur April–September: Arbeitsdienst in Reitbrook im Hamburger Elbmarschengebiet Vierlande
1937–1939	Wehrdienst in Bremen-Vegesack bei der Leichten Flakartillerie. Dienstgrad des Wachtmeisters (Feldwebels) der Reserve
1939–1941	Kriegsdienst bei der Luftabwehr in Bremen
1941–1942	Juni–Januar: Teilnahme am Rußland-Feldzug, als Leutnant, mit der Leichten Flakabteilung 83 im Verband der 1. Panzerdivision. Einsatz im Nord- und Mittelabschnitt
1942–1944	Referent für Ausbildungsvorschriften der Leichten Flakartillerie im Reichsluftfahrtministerium in Berlin und in Bernau
1942	April: Verlobung mit Hannelore Glaser 27. Juni: Heirat
1944	Juni: Geburt des Sohnes Helmut-Walter in Bernau bei Berlin
1944–1945	Dezember–April: Fronteinsatz als Oberleutnant und Batteriechef an der Westfront
1945	Januar: Tod des Sohnes durch Krankheit April: Gefangennahme in der Lüneburger Heide 31. August: Heimkehr aus britischer Gefangenschaft
1945–1949	Studium der Volkswirtschaft und Staatswissenschaft in Hamburg, u. a. bei Karl Schiller
1946	März: Beitritt zur SPD
1947–1948	Bundesvorsitzender des Sozialistischen Deutschen Studentenbundes

1947	Geburt der Tochter Susanne
1949	Examensarbeit über «Die Währungsreformen in Japan und Deutschland im Vergleich». Abschluß des Studiums als Diplom-Volkswirt
1949–1953	Verwaltungsdienst in Hamburg. Referent, dann Leiter der wirtschaftspolitischen Abteilung in der Behörde für Wirtschaft und Verkehr unter Senator Karl Schiller, ab 1952 Leiter des Amtes für Verkehr
1950	Juli: Erste Reise in die USA
1953–1961	Bundestagsabgeordneter der SPD
1958	Oktober: Wehrübung in der Flugabwehrschule Rendsburg. Beförderung zum Hauptmann der Reserve
1961–1965	Senator für Inneres in Hamburg
1961	*Verteidigung oder Vergeltung* veröffentlicht
1962	17. Februar: Überschwemmungs-Katastrophe in Hamburg. Der Innensenator leitet die Rettungsarbeiten und Hilfsmaßnahmen
1965	Rückkehr in den Bundestag als einer der stellvertretenden Fraktionsvorsitzenden der SPD
1966	Juli: Erste (private) Reise in die Sowjetunion
1967	Februar: Vorsitzender der SPD-Bundestagsfraktion als Nachfolger von Fritz Erler
1968	Stellvertretender Vorsitzender der SPD
1969	22. Oktober: Bundesverteidigungsminister im ersten (sozialliberalen) Kabinett Brandt
	Strategie des Gleichgewichts veröffentlicht
1972	Frühjahr: Schwere Schilddrüsenerkrankung
	7. Juli: Bundeswirtschafts- und Finanzminister im ersten Kabinett Brandt, als Nachfolger Karl Schillers
	15. Dezember: Bundesfinanzminister im zweiten Kabinett Brandt
1974	16. Mai: Wahl zum (5.) Bundeskanzler nach dem Rücktritt Brandts
	Oktober: Besuch in Moskau*. Begegnung mit Leonid Breschnew
	Dezember: Besuch in Washington bei Präsident Ford
1975	1. August: Unterzeichnung der Schlußakte von Helsinki (KSZE-Konferenz); erste Begegnung mit Erich Honecker
	Oktober: Besuch in China. Begegnung mit Mao Tse-tung
1976	Mai: Besuch in Saudi-Arabien
	Juli: Besuch in Washington bei Präsident Ford
	15. Dezember: Wiederwahl zum Bundeskanzler nach dem Wahlsieg der sozialliberalen Koalition (50,5 Prozent)
1977	Juli: Besuch in Washington bei Präsident Carter
	September–Oktober: Höhepunkt der Terrorwelle in der Bundesrepublik (Entführung Schleyers, Flugzeug-Entführung, Befreiung in Mogadischu, Freitod führender Terroristen, Ermordung Schleyers)
	November: Besuch in Warschau
1978	Mai: Leonid Breschnew in Bonn sowie als Gast im Hause Schmidt in Hamburg-Langenhorn
	Juni: Besuche in Nigeria und Sambia

* Unter allen Reisen Helmut Schmidts sind, abgesehen von den beiden der Jahre 1950 und 1966, nur die wichtigsten seiner Kanzlerschaft aufgenommen.

1979	Januar: Schmidt erreicht beim «Vierer-Gipfel» in Guadeloupe die politische Entscheidung zugunsten des «Doppelbeschlusses» der NATO. Der Doppelbeschluß wird im Dezember offizielles NATO-Konzept
	Juni: Besuch in Washington bei Präsident Carter
1980	März: Besuch in Washington bei Präsident Carter
	Juni/Juli: Besuch in Moskau
	5. November: Erneute Wahl zum Bundeskanzler nach dem Wahlsieg der sozialliberalen Koalition (53,5 Prozent)
1981	Mai: Besuch in Washington bei Präsident Reagan
	Oktober: Ein Herzschrittmacher wird eingepflanzt
	Dezember: Treffen mit dem SED-Chef Erich Honecker am Werbellinsee und in Güstrow
1982	Januar: Besuch in Washington bei Präsident Reagan
	1. Oktober: Ablösung im Bundeskanzleramt durch Konstruktives Mißtrauensvotum von seiten der CDU/CSU und der FDP nach dem Zerfall des sozialliberalen Bündnisses
1983	Mai: (Mit-)Herausgeber der Wochenzeitung «Die Zeit»
	22. Dezember: Ehrenbürgerwürde der Freien und Hansestadt Hamburg
1986	10. September: Abschiedsrede im Deutschen Bundestag
	18. September: *Ein Mann und seine Stadt. Ein Film über Hamburg* (mit István Bury), gesendet vom NDR
	Eine Strategie für den Westen veröffentlicht
1987	*Menschen und Mächte* veröffentlicht
1989	Dezember: Ehrenbürgerwürde der Stadt Berlin

Zeugnisse

Siegfried Lenz, 1965
Es verdient, untersucht zu werden, in welcher Weise die Partei die Sprache ändert und die Sprache die Partei. Das ließe sich wohl im Zusammenhang mit Helmut Schmidt demonstrieren, von dem man ja nun wirklich nicht nur allgemein sagen kann: ein guter Redner. Ich glaube, daß dieser Mann durch manches gesprochene Prosastück, in dem er überlegene Gedanken- und Sprachdressur anstellt, einfach schon verändernd gewirkt hat.

Fritz René Allemann, 1965
...Und zu alledem kommt noch etwas ganz anderes, was nicht notwendigerweise zum Politiker gehört, was aber gerade bei dem ausgeprägten Macht- und Willensmenschen (Helmut Schmidt) das glückliche Gegengewicht schafft: das künstlerische Temperament, die Neigung zum Musischen.

Konrad Adenauer, 1967
Der ist sich noch am Entwickeln.

Rudolf Augstein, 1974
Auf die Gefahr hin, mich wichtig zu machen, muß ich bekennen, daß er am Abend des 17. Dezember 1968, nach einer NDR-Fernsehdiskussion vor fünf Biertrinkern darauf bestanden hat, binnen dreier Jahre werde er entweder Kanzler oder in der Industrie sein.

Thilo Koch, 1976
Schmidt ist sensibel und hart zugleich. Eine interessante Mischung.

Marion Gräfin Dönhoff, 1976
Helmut Schmidt hat fast alle Gaben, die den perfekten Regierungschef ausmachen, und dazu auch noch Fortune. Man müßte die Rache der Göttin Nemesis fürchten, wenn er selber nicht den Zweifel als Korrektiv in der eigenen Brust trüge, auch wenn die, die in ihm nur den Macher sehen, dies nicht wahrnehmen. Im tiefsten Innern nagt der Zweifel, steckt ein

Melancholiker, der in dem Unbekannten, was heraufzieht, die dunklen Katastrophen viel deutlicher spürt als die lichten, hoffnungsvollen Momente der Geschichte.

Franz Josef Strauß, 1977
…Oberkanzler, Weltkanzler, Abkanzler, Lehrer aller Völker, der weise Hirte aller Schafe, aller Nationen, Praeceptor mundi, Doctor Europae, Magister Germaniae… Schmidt hat kurz nach der Geburt die irdische Vollkommenheit erreicht, von da an nichts mehr dazuzulernen brauchen und hält deshalb alle anderen Menschen unterschiedlich für Idioten, je nach der Distanz, die er ihnen von sich zubilligt.

Helmut Hein (Physik- und Chemielehrer Schmidts), 1977
Er war immer sehr seriös, auffallend intelligent, sehr redegewandt, an allem ungeheuer interessiert, immer adrett angezogen.

Leonid Breschnew, 1978
Am heutigen Tage möchte ich Ihnen sagen, daß man in der Sowjetunion alle Ihre persönlichen Leistungen zur Sicherung der internationalen Entspannung und des gegenseitigen Verständnisses zwischen unseren Völkern kennt und schätzt.

Henry Kissinger, 1982
Sie haben das große Verdienst, daß Sie den Regierenden plausibel gemacht haben, was für eine schicksalhafte Rolle die Weltwirtschaft für die politischen Überlegungen von uns allen bedeutet. Ihr Platz in der Geschichte steht fest.

Golo Mann, 1982
Eine überall hochgeachtete Persönlichkeit an der Spitze in Bonn. Immer deutlich und zugleich maßvoll sprechend, Konflikte weder unter den Tisch wischend noch tragisierend, willig, tragfähige Überbrückungen zu finden, andernfalls Übereinstimmung im Nichtübereinstimmen festzustellen. In alledem liegt wenig Dramatisches, den Historiker alten Stils Begeisterndes. Und dergleichen wünscht Schmidt sich auch gar nicht. Unlängst konnten wir es lesen: Jene Politiker, die «Geschichte machen» wollten, so meinte er, seien regelmäßig gescheitert. Nicht Geschichte machen wollte er, sondern weitermachen, und das war schwierig genug. Wenn aber einmal ein Drama war, wie auf dem Höhepunkt des innerdeutschen Terrorismus im Jahre 77 – da zeigte er Selbstbeherrschung, Durchhaltevermögen und tiefen Ernst, eine Verantwortung, welche stärker war als der Kummer, seinen Freund Schleyer opfern zu müssen. Das ist dann ein Bild, was in die Geschichte eingehen mag.

ZEICHEN DER ZEIT

1918

Helmut Schmidt wird geboren,
und die Welt, die er erblickt...

...ist von Not und Leid erfüllt. Doch es gibt Hoffnung: der Erste Weltkrieg findet sein Ende. 67,3 Millionen Soldaten insgesamt waren mobilisiert, 8,7 Millionen fielen im Kampf, 20,8 Millionen wurden verwundet. Die direkten Kriegskosten hat man mit ca. 730 Milliarden Goldmark errechnet, die indirekten mit ca. 610 Milliarden.

Und leider scheint es, als habe die Menschheit immer noch nicht genug vom Krieg: Der russische Volkskommissar Leo Trotzki baut die «Rote Armee» auf, derweil britische und französische Truppen in Nordrußland intervenieren und Japan in Sibirien eindringt.

Den Pfandbrief gibt es seit 149 Jahren.

Pfandbrief und Kommunalobligation

Meistgekaufte deutsche Wertpapiere - hoher Zinsertrag - bei allen Banken und Sparkassen

Verbriefte  Sicherheit

Gerd Bucerius, 1983
Die Stimme dieses Staatsmannes wird in der Welt gehört.

Herbert Wehner, 1986
Der Schmidt ist ein sehr intensiver Mann gewesen. Manchmal war er auch äußerst ironisch. Ich hatte mit dem Schmidt ein ganz ordentliches Verhältnis, muß ich sagen – trotz seiner Art, sich sehr bedeutend zu halten, sehr wichtig zu halten und sich auch entsprechend wie ein Offizier zu verhalten, indem er kommandierte, was ich ihm nicht übelgenommen habe.

Andrej Gromyko, 1987
Wir wohnen alle in einem gesamteuropäischen Hause und werden stets nach Ihrer Hand suchen, da Sie nach wie vor in ganz Europa große Autorität haben.

Rainer Barzel, 1989
Für viele wie auch für mich hat Schmidt sich nicht zum Staatsmann «profiliert». Er war es. Und er ist es.

Noburo Takeshita (japanischer Ministerpräsident), 1989
Shumito-sensei – verehrter Lehrer.

Bibliographie

1. Publikationen von Helmut Schmidt

a) Staat und Gesellschaft
(Einzelschriften und Sammelbände *)

Wegweiser durch die Verkehrswirtschaft. Zusammen mit WERNER LEIFERMANN. Hamburg 1954

Verteidigung oder Vergeltung. Ein deutscher Beitrag zum strategischen Problem der NATO. Stuttgart 1961

Die NATO und Europa. Stuttgart 1967

Beiträge. Stuttgart 1967

Strategie des Gleichgewichts. Deutsche Friedenspolitik und die Westmächte. Stuttgart 1969

Auf dem Fundament des Godesberger Programms. Theorie und Praxis der deutschen Sozialdemokratie. Bonn 1974

Kontinuität und Konzentration. Bonn 1975

Bundestagsreden. Hg. von PETER CORTERIER. Bonn 1975

Als Christ in der politischen Entscheidung. Gütersloh 1976

Der Kurs heißt Frieden. Düsseldorf–Wien 1979

Pflicht zur Menschlichkeit. Beiträge zu Politik, Wirtschaft und Kultur. Düsseldorf–Wien 1981

Perspectives on Politics. Hg. von WOLFRAM F. HANRIEDER. Boulder/Colorado 1982

Freiheit verantworten. Düsseldorf 1983

Weltwirtschaft ist unser Schicksal. Wie eine weltweite Depression vermieden werden kann. Frankfurt a. M. 1983

A Grand Strategy for the West. Yale University Press, 1985; deutsch: Eine Strategie für den Westen. Berlin 1986

Menschen und Mächte. Berlin 1987

Umweltschutz, Energie und Beschäftigung. Zusammenhänge, kommunale Handlungsfelder und Handlungsmöglichkeiten. Überarbeitete Fassung eines Vortrages für das Seminar Umweltschutz in der EG am 12. 4. 1987 im Europäischen Zentrum für Arbeitnehmerfragen, Königswinter. 1987

Laudatio für Georg Leber anläßlich der Verleihung der Freiherr-vom-Stein-Me-

---

* Der Inhalt von Sammelbänden wird nicht gesondert aufgeführt, der Vielzahl wegen. Schon der Band «Beiträge» von 1967 umfaßt 44 Einzelstücke.

daille in Gold durch die Stiftung F. V. S. zu Hamburg am 4.12.1987. Sonderdruck Stiftung F. V. S., o. J.

Ausgewählte Texte. München 1988

Die Weltwirtschaft ist unser Schicksal. Friedrich Ebert Stiftung, Abt. Politische Bildung. Bonn 1989*

Die nüchterne Leidenschaft zur praktischen Vernunft. Die Abschiedsreden des Bundeskanzlers a. D. Berlin o. J.

b) Äußerungen zur Kunst

Kunst im Kanzleramt. München 1982

Ansprache eines Musikfreundes beim Festakt zum 300. Geburtstag von Johann Sebastian Bach am 21. März 1985 in St. Michaelis, Hamburg. Hamburg 1985

Vom deutschen Stolz. Bekenntnisse zur Erfahrung von Kunst. Berlin 1986

c) Beiträge zu Büchern; Herausgeberschaft

Gegenwartsprobleme der Straßenwirtschaft der Bundesrepublik. In: Handbuch der öffentlichen Wirtschaft. Bd. 1. Stuttgart 1959

Verfassungsschutz als gemeinsame Aufgabe von Bund und Ländern. In: Verfassungsschutz. Hg. von PAUL LÜCKE. Köln 1966

Was fehlt der Bundeswehr? In: Armee gegen den Krieg. Hg. von WOLFRAM VON RAVEN. Stuttgart 1966

Einleitung zu: HERMAN KAHN, Eskalation. Berlin 1966

Einleitung zu: ANDRÉ BEAUFRE, Die NATO und Europa. Stuttgart 1967

Die Kriegsgeneration. In: Die Neue Gesellschaft. November/Dezember 1968

Vorwort zu: Kritischer Rationalismus und Sozialdemokratie. Hg. von GEORG LÜHRS, THILO SARRAZIN, FRITHJOF SPREER, MANFRED TIETZEL. Berlin–Bonn 1975

WILLY BRANDT, HELMUT SCHMIDT: Deutschland 1976 – Zwei Sozialdemokraten im Gespräch. Reinbek 1976

HELMUT SCHMIDT, WILLY BRANDT, HERBERT WEHNER, EGON BAHR u. a.: Zwischenbilanz. Zur Entwicklung der Beziehungen der Bundesrepublik Deutschland und der Sowjetunion. Köln 1978

Vorwort zu: JEAN MONNET, Erinnerungen eines Europäers. Wien 1978

SCHMIDT, HELMUT (Hg.): Ways out of the Crisis. 16 Theses on the World Economy. Frankfurt a. M. 1983

HELMUT SCHMIDT, WALTER HESSELBACH (Hg.): Kämpfer ohne Pathos. Festschrift für Hans Matthöfer zum 60. Geburtstag. Bonn 1985

HEIK AFHELDT, HELMUT SCHMIDT, MICHEL CARPENTIER, J. D. NOULTON, PIERRE SUDREAU, HEIMFRID WOLFF: Der Staat als Pionier? Initiativen, Impulse, Innovationen. Stuttgart 1987

Wehrbeitrag und Wehrverfassung. In: Sternstunden des Parlaments. Hg. von RAINER BARZEL. Heidelberg 1989

Geleitwort zu: JOHANNES STEINHOFF, PETER PECHEL, DENNIS SHOWALTER (Hg.), Deutsche im Zweiten Weltkrieg. Zeitzeugen sprechen. München 1989

* Der Band enthält neun Kommentare aus der «Zeit» von 1983 bis 1987, ist somit nicht identisch mit dem Buch von 1983 trotz des fast gleichlautenden Titels.

d) Sonstiges

Wolfgang Amadeus Mozart: Zwei Konzerte für zwei und drei Klaviere, KV 365 und 242. Ausführende: Christoph Eschenbach, Justus Frantz, Helmut Schmidt (nur für KV 242). London Philharmonic Orchestra. EMI Electrola 1 C 067-43 231 T. Dezember 1981

Helmut Schmidt, István Bury: Ein Mann und seine Stadt. Ein Film über Hamburg. Gesendet vom NDR am 18. 9. 1986. Dazu: Helmut Schmidt: Ein Mann und seine Stadt. Die Hansestadt Hamburg. 1 Videokassette, Laufzeit 60 Minuten. Mappe mit Filmtext, Anmerkungen, Lehrermaterial. Ismaning 1987

2. Publikationen über Helmut Schmidt

BERKHAN, KARL WILHELM; DÖNHOFF, MARION GRÄFIN; KLASEN, KARL; KÖRBER, KURT; SOMMER, THEO; STÖDTER, HELGA und ROLF; TREBITSCH, GYULA (Hg.): Hart am Wind. Helmut Schmidts politische Laufbahn. Einführung MARION GRÄFIN DÖNHOFF. Hamburg 1978

BLANK, ULRICH; DARCHINGER, JUPP: Helmut Schmidt – Bundeskanzler. Hamburg 1974; 2., erw. Aufl. 1977

BÖHR, CHRISTOPH: SPD. Neuorientierung an Kant und Popper? Anmerkungen zum Politik-Verständnis Helmut Schmidts und der deutschen Sozialdemokratie. In: Sonde. Neue Christlich-Demokratische Politik Bd. 9 Nr. 1 (1976), S. 17–31

BÖLLING, KLAUS: Die letzten 30 Tage des Kanzlers Helmut Schmidt. Ein Tagebuch. Reinbek 1982

CARR, JONATHAN: Helmut Schmidt – Helmsman of Germany. London 1985; deutsch: Helmut Schmidt. Düsseldorf 1985

DÖNHOFF, MARION GRÄFIN: Das Mögliche möglich machen. Helmut Schmidt. In: Menschen, die wissen, worum es geht. Politische Schicksale 1916 bis 1976. Hamburg 1976

Von Gestern nach Übermorgen. Zur Geschichte der Bundesrepublik Deutschland (Darin das Kapitel: Helmut Schmidt stellt die Balance zwischen wirtschaftlicher und politischer Macht her). Hamburg 1981 (im vorliegenden Buch zitiert nach der Taschenbuch-Ausgabe. München 1984)

ENDERS, THOMAS: Franz Josef Strauß, Helmut Schmidt und die Doktrin der Abschreckung. Koblenz 1984

GAUS, GÜNTER: Ein Mindestmaß an Ehrgeiz ist notwendig. Gespräch am 8. Februar 1966. In: Zur Person. Von Adenauer bis Wehner. Porträts in Frage und Antwort. Köln 1987

GRUNENBERG, NINA: Vier Tage mit dem Bundeskanzler. Hamburg 1976

HERMANN, LUDOLF: Les ‹cent jours› du second gouvernement Schmidt. In: Documents. Revue des Questions Allemandes Bd. 32 Nr. 2 (1977), S. 5–15

HERTEL, GERHARD: Der Weg zur ‹Wende›. Die Bundesrepublik Deutschland in der Ära Schmidt (1974–1982). Regensburg 1988

JÄGER, WOLFGANG; LINK, WERNER: Republik im Wandel. 1974–1982. Die Ära Schmidt. Geschichte der Bundesrepublik Deutschland. Bd. 5/II. Stuttgart–Mannheim 1987

KAHN, HELMUT WOLFGANG: Helmut Schmidt. Fallstudie über einen Populären. Hamburg 1973

Koch, Peter: Das Duell. Franz Josef Strauß gegen Helmut Schmidt. Hamburg 1980

Krause-Burger, Sibylle: Helmut Schmidt. Aus der Nähe gesehen. Düsseldorf 1980

Lahnstein, Manfred; Matthöfer, Hans (Hg.): Leidenschaft zur praktischen Vernunft. Helmut Schmidt zum Siebzigsten. Berlin 1989

Lehmann, Hans Georg: Öffnung nach Osten. Die Ostreisen Helmut Schmidts und die Entstehung der Ost- und Entspannungspolitik. Bonn 1984

Mahler, Gerhard: Die Sprache des Bundeskanzlers. In: Sonde. Neue Christlich-Demokratische Politik Bd. 9 Nr. 1 (1976), S. 72–86

Nayhauss, Mainhardt Graf von: Helmut Schmidt – Mensch und Macher. Bergisch-Gladbach 1988

Pélassy, Dominique: Helmut Schmidt, esquisse d'un tempérament politique. In: Documents. Revue des Questions Allemandes Bd. 33 Nr. 4 (1978), S. 59–71

Ronstein, B.: Schmidt-Bestimmung. Rückblick auf eine Ära. Hamburg 1983

Rovan, Joseph: La politique interieure du chancelier. In: Documents. Revue des Questions Allemandes Bd. 33 Nr. 4 (1978), S. 39–46

Le chancelier Helmut Schmidt. In: Études Bd. 350 Nr. 5 (1979), S. 599–606

Sandoz, Gérard: L'Allemagne d'Helmut Schmidt. In: Documents. Revue des Questions Allemandes Bd. 33 Nr. 4 (1978), S. 17–28

Survivre à Brandt et Schmidt. Comment? In: Documents. Revue des Questions Allemandes Bd. 34 Nr. 2 (1979), S. 43–49

Stephan, Klaus: Gelernte Demokraten. Helmut Schmidt und Franz Josef Strauß. Reinbek 1988

Thies, Jochen: Helmut Schmidts Rückzug von der Macht. Das Ende der Ära Schmidt aus nächster Nähe. Bonn [2]1988

Witter, Ben: Helmut Schmidt. In: Prominentenporträts. Frankfurt a. M. 1977

3. Ergänzende Literatur

(soweit häufiger zitiert)

Italiaander, Rolf (Hg.): Loki. Die ungewöhnliche Geschichte einer Lehrerin namens Schmidt. Erzählt von ihren Freunden. Eingeleitet von Siegfried Lenz. Düsseldorf 1988

Wildermuth, Rosemarie (Hg.): Heute und die 30 Jahre davor. Erzählungen, Gedichte und Kommentare zu unserer Zeit (Deutschland seit 1949). München 1978

4. Zeitgeschichtliche Überblicke

(zur Entwicklung der Bundesrepublik Deutschland und somit auch zum politischen Werdegang Helmut Schmidts)

Birke, Adolf: Nation ohne Haus. Deutschland 1945–1961. Berlin 1989

Bracher, Karl Dietrich; Eschenburg, Theodor; Fest, Joachim C.; Jäckel, Eberhard (Hg.): Geschichte der Bundesrepublik Deutschland in fünf Bänden. Band 1: Theodor Eschenburg: Jahre der Besatzung 1945–1949. Stuttgart–Wiesbaden 1983

Band 2: HANS-PETER SCHWARZ: Die Ära Adenauer. 1949–1957. Stuttgart–Wiesbaden 1981

Band 3: HANS-PETER SCHWARZ: Die Ära Adenauer. 1957–1963. Stuttgart–Wiesbaden 1983

Band 4: KLAUS HILDEBRAND: Von Erhard zur Großen Koalition. 1963–1969. Stuttgart–Wiesbaden 1984

Band 5 Teil I und II: KARL DIETRICH BRACHER; WOLFGANG JÄGER; WERNER LINK: Republik im Wandel 1969–1974 und 1974–1982. Stuttgart–Mannheim 1986 und 1987

MORSEY, RUDOLF: Die Bundesrepublik Deutschland. Grundriß der Geschichte Band 19. München 1987

PLETICHA, HEINRICH (Hg.): Deutsche Geschichte, Band 12: Geteiltes Deutschland. Nach 1945. Gütersloh 1987

Alle diese Bände enthalten umfangreiche weiterführende Literaturangaben.

Namenregister

Die kursiv gesetzten Zahlen bezeichnen die Abbildungen

Adenauer, Konrad 35, 45, 49, 61, 63, 64, 66, 70, 79, 103, 120, 125, 144, *83*
Allemann, Fritz René 81, 141
Andersen, Kurt 37
Andreotti, Giulio *116/117*
Apollonius 131
Augstein, Rudolf 98, 141

Baader, Andreas 15
Barre, Mohammed Siad 14
Barzel, Rainer Candidus 87, 98, 143, *86*
Bebel, August 71
Becher, Johannes Robert 113
Berkhan, Karl Wilhelm 94f
Bernstein, Eduard 19, 44f
Birckholz, Johannes 94
Bismarck, Otto, Fürst von 57, 126
Blank, Ulrich 113
Bloch, Ernst 113
Bohnenkamp, Hans 43
Bölling, Klaus 122
Brandt, Willy 32f, 70, 79f, 84f, 88f, 94, 98f, 105, 106f, 111, 122, 125, 139, *80/81, 100, 107*
Brauer, Max 47, 61, *48*
Breschnew, Leonid I. 32f, 88, 90, 115, 117, 119, 139, 142, *115*
Brzezinski, Zbigniew 117
Buback, Siegfried 8
Buber, Martin 39
Bucerius, Gerd 127, 143
Büch, Rudolf 74
Bury, István 140
Busch, Wilhelm 97

Callaghan, James *116/117*
Carr, Jonathan 23, 95
Carter, Jimmy 54, 115f, 139, 140, *116/117*
Churchill, Sir Winston Spencer 89
Claudius, Matthias 62

Darchinger, Jupp *103*
Dönhoff, Marion Gräfin 108, 141
Dreiser, Theodore 55
Dutschke, Rudi 112

Eberhardt, Ida 25
Ebert, Friedrich 18, 44
Ehre, Ida 55
Engelhard, Edgar 77
Ensslin, Gudrun 15
Erhard, Ludwig 56, 62, 70, 79, 84, 118, 125, *83*
Erler, Fritz 64, 82, 84f, 120, 139, *80/81*

Faulkner, William 55
Ford, Gerald 139
Freisler, Roland 39, 40, *40*
Friderichs, Hans 98
Fukuda, Takeo *116/117*

Gaus, Günter 28, 64
Genscher, Hans-Dietrich 105, 111, 113, 121f, *115*
Gerstenmaier, Eugen 70
Giscard d'Estaing, Valéry 127, *116/117*
Glaser, Hannelore s. u. Hannelore Schmidt

Goebbels, Joseph 38, 40
Goerdeler, Carl 39
Goethe, Johann Wolfgang von 95
Göring, Hermann 38
Gromyko, Andrej A. 143
Grotewohl, Otto 47
Guillaume, Günter 84, 99, *100*
Gumbel 23

Hassell, Ilse von 40
Hassell, Ulrich von 39, 40, *41*
Haydn, Joseph 73
Hegel, Georg Wilhelm Friedrich 89
Hein, Helmut 142
Heine, Heinrich 109
Heinemann, Gustav 105, *80/81/101*
Hemingway, Ernest 55
Herold, Horst 7
Hesiod 17
Hitler, Adolf 33, 37, 38, 41, 46, 47, 59, 64, 67
Honecker, Erich 114, 139, 140, *114*
Horn, Ulrich 26
Horn, Walter 73
Humboldt, Wilhelm von 56

Jaeger, Richard 67, 70
Jäger, Wolfgang 110
Jenkins, Roy *116/117*
Johnson, Lyndon B. 118

Kant, Immanuel 131
Kardorff, Ursula von 38
Kiesinger, Kurt Georg 85, 88, 125
Kissinger, Henry 142
Knoeringen, Waldemar Freiherr von *80/81*
Koch, Thilo 141
Kohl, Helmut 12, 111, 119, 120, 122, 124f, 130, *124*

Lambsdorff, Otto Graf 122
Landahl, Heinrich 31
Lassalle, Ferdinand 44, *45*
Leber, Julius 44
Lejeune-Jung, Paul 39, *41*
Lenz, Siegfried 141
Leuschner, Wilhelm 39
Lichtwark, Alfred 24

Liebknecht, Karl 18
Liliencron, Detlev von 79
Lorenz, Peter 7, 12, 113
Lübke, Heinrich 77
Luxemburg, Rosa 18

Maihofer, Werner 16, *16*
Mann, Golo 142
Mao Tse-tung 139
Marc Aurel 131
Marx, Karl 44, 47, 57
Mischnick, Wolfgang 85
Mohr, Walter 78
Möller, Alex 85, *80/81*
Moltke, Helmuth Graf von 122
Mommsen, Ernst Wolf 94

Napoleon I., Kaiser der Franzosen 35
Naumann, Friedrich 28
Neumann, Franz *48*
Nevermann, Paul 47, 71, 77f, 82f, *78*
Nixon, Richard M. 90
Noske, Gustav 94
Novalis (Friedrich Leopold Freiherr von Hardenberg) 84

Ollenhauer, Erich 62, *48*, *66*

Pieck, Wilhelm 47
Plate, Ernst 59, *60*
Pleß, Helmut C. H. 28
Ponto, Jürgen 8f

Rantzau, General von 42
Raspe, Jan-Carl 15
Reagan, Ronald W. 119, 140
Renger, Annemarie *48*
Rowohlt, Ernst 54

Saroyan, William 55
Schäfer, Hermann 62
Scheel, Walter 17, 94, 98, 105
Schellenberg, Ernst *80/81*
Schiller, Karl 57f, 59, 61, 96f, 138, 139, *58*, *60*, *80/81*, *97*
Schleyer, Hanns Martin 7, 9f, 12, 16f, 113, 139, *8*
Schmid, Carlo *80/81*
Schmidt, Gustav 21f, 28, 35f, 138, *22*

Schmidt, Hannelore 25, 28f, 35, 37,
  42f, 51, 53, 56, 60, 62, 104f, 129, 138,
  26, *36*, *57*, *103*
Schmidt, Helmut-Walter 40f, 138
Schmidt, Ludovica 25, 35, 138, *22*
Schmidt, Robert 18
Schmidt, Susanne 60, 139, *57*
Schmidt, Wolfgang 23, 138, *22*
Schönfelder, Adolf 47
Schöning, Ernst 27
Schröder, Gerhard 85, 89, *89*
Schumacher, Fritz 24, 53, 138, *52*
Schumacher, Kurt 45f, 62, 86, *46*, *48*
Schumann, Jürgen 7, 13
Seebohm, Hans-Christoph 61
Seeler, Uwe 79
Sieveking, Kurt 61
Sinclair, Upton 55
Sommer, Theo 94f, 109
Steinbeck, John 55

Strauß, Franz Josef 12, 67f, 96, 109f,
  119f, 142, *67*, *120*
Stresemann, Gustav 28, 126
Strobel, Käte *80/81*
Suslow, Michail A. 119

Takeshita, Noburo 143
Trudeau, Pierre *116/117*

Ulbricht, Walter 47

Watkinson, Percy Gerd 24
Weber, Max 86
Wegener, Ulrich *16*
Wehner, Herbert 62, 70, 80, 82, 84, 122,
  143, *80/81*
Wirmer, Joseph 39
Wischnewski, Hans-Jürgen 14, 104f,
  16
Wolfe, Thomas 55

Über den Autor

Harald Steffahn wurde 1930 in Berlin geboren. 1949–1951 Volontariat bei einer Hamburger Tageszeitung. 1951–1959 Studium der Geschichte und Politischen Wissenschaften in Hamburg und Berlin. Promotion zum Dr. phil. Journalistische Berufsstationen «Spiegel»-Archiv, Deutsche Presse-Agentur, «Die Zeit». Seit 1975 selbständig als Journalist und Schriftsteller. Publikationen u. a.: «Du aber folge mir nach. Albert Schweitzers Werk und Wirkung», Bern 1974. «Albert-Schweitzer-Lesebuch», München und Berlin (DDR) 1984. «Menschlichkeit beginnt beim Tier. Gefährten und Opfer», Stuttgart 1987. «Deutschland – Von Bismarck bis heute», Stuttgart 1990. Als Rowohlt-Autor schrieb Harald Steffahn die Bildmonographien über «Albert Schweitzer» (rm 263, 1979) und «Adolf Hitler» (rm 316, 1983).

Quellennachweis der Abbildungen

J. H. Darchinger, Bonn: 11, 15, 16, 68, 80/81, 86, 89, 97, 101, 102, 103, 108, 114, 116/117, 120, 124, 126, 128, 129

Bundesbildstelle, Bonn: 22, 32, 34, 67, 100, 104, 115

SPD Hamburg: 6, 46, 48, 49, 65, 66, 107, 132, 133

Staatliche Landesbildstelle, Hamburg: 23, 50/51, 52, 55, 58

Sven Simon, Bonn: 20, 25, 26, 29, 36, 57

Keystone: 8, 13, 77, 78, 118, 123

Rowohlt-Archiv: 45, 112, 130

dpa: 69, 91

Bundesministerium für Verteidigung: 92, 93

Archiv der sozialen Demokratie, Bonn: 39

Marianne Schmidt, Hamburg: 30

Frankfurter Pressebild Archiv: 83

Staatsarchiv Hamburg: 19

Hannelore Schmidt, Hamburg: 42

Aus: «20. Juli 1944», Bonn 1964: 41

Hamburger Morgenpost: 63

Aus der Zeitschrift «brandschutz», Sonderheft «Sturmflut über Hamburg»: 75

Oscar & Associates, Inc., Chicago: 60

Aus: «Die Sturmflut», Hamburg 1982: 76

rowohlts bildmonographien

**Thema
Geschichte**

rororo bildmonographien

C 2053/9

Gösta v. Uexküll
Konrad Adenauer (234)

Gerhard Wirth
Alexander der Große
(203)

Bernd Rill
Kemal Atatürk (346)

Marion Giebel
Augustus (327)

Justus Franz Wittkop
Michail A. Bakunin
(218)

Helmut Hirsch
August Bebel (196)

Wilhelm Mommsen
Otto von Bismarck (122)

Carola Stern
Willy Brandt (232)

Hans Oppermann
Julius Caesar (135)

Reinhold Neumann-Hoditz
**Nikita S.
Chruschtschow** (289)

Sebastian Haffner
Winston Churchill
(129)

Reinhold Neumann-Hoditz
Dschingis Khan (345)

Jürgen Miermeister
Rudi Dutschke (349)

Hermann Alexander
Schlögl
Echnaton (350)

Herbert Nette
Elisabeth I. (311)

Georg Holmsten
Friedrich II. (159)

Herbert Nette
**Friedrich II.
von Hohenstaufen**
(222)

Heino Rau
Mahatma Gandhi (172)

Elmar May
Che Guevara (207)

Helmut Presser
Johannes Gutenberg
(134)

Harald Steffahn
Adolf Hitler (316)

Peter Berglar
Wilhelm von Humboldt
(161)

Herbert Nette
Jeanne d'Arc (253)

Wolfgang Braunfels
Karl der Große (187)

Herbert Nette
Karl V. (280)

Reinhold Neumann-Hoditz
Katharina II. die Große
(392)

Gösta v. Uexküll
Ferdinand Lassalle
(212)

Hermann Weber
Lenin (168)

Bernd-Rüdiger Schwesig
Ludwig XIV. (352)

Helmut Hirsch
Rosa Luxemburg
(158)

Edmond Barincou
Niccolò Machiavelli
(17)

rowohlts bildmonographien

Tilemann Grimm
Mao Tse-tung (141)

Peter Berglar
Maria Theresia (286)

Friedrich Hartau
**Clemens Fürst von
Metternich** (250)

Hans Peter Heinrich
Thomas Morus (331)

Giovanni de Luna
Benito Mussolini
(270)

André Maurois
Napoleon (112)

Reinhold Neumann-Hoditz
Peter der Große
(314)

Heinrich G. Ritzel
Kurt Schumacher
(184)

Maximilian Rubel
Josef W. Stalin
(224)

G. Prunkle und A. Rühle
Josip Broz-Tito (199)

Harry Wilde
Leo Trotzki (157)

Friedrich Hartau
Wilhelm II. (264)

**Thema
Geschichte**

C 2053/9 a

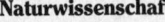

rowohlts bildmonographien

**Thema
Naturwissenschaft,
Pädagogik,
Medizin**

Naturwissenschaft

Jochen Kirchhoff
Giordano Bruno (285)

Fritz Vögtle/Peter Ksoll
Maria Curie (417)

Johannes Hemleben
Charles Darwin (137)

Fritz Vögtle
Thomas Alva Edison
(305)

Johannes Wickert
Albert Einstein (162)

Johannes Hemleben
Galileo Galilei (156)

Armin Hermann
Werner Heisenberg
(240)

Adolf Meyer-Abich
**Alexander von
Humboldt** (131)

Johannes Hemleben
Johannes Kepler
(183)

Jochen Kirchhoff
Nikolaus Kopernikus
(347)

Fritz Vögtle
Alfred Nobel (319)

Armin Hermann
Max Planck (198)

Medizin

Josef Rattner
Alfred Adler (189)

Wilhelm Salber
Anna Freud (343)

Rainer Funk
Erich Fromm (322)

Octave Mannoni
Sigmund Freud (178)

Gerhard Wehr
C. G. Jung (152)

Hans-Martin Lohmann
Alexander Mitscherlich
(365)

Ernst Kaiser
Paracelsus (149)

Bernd A. Laska
Wilhelm Reich (298)

Pädagogik

Helmut Heiland
Friedrich Fröbel (303)

Wolfgang Pelzer
Janusz Korczak (362)

Max Liedtke
**Johann Heinrich
Pestalozzi** (138)

Johannes Hemleben
Rudolf Steiner (79)

‚H.-D. Klumpjan/
Helmut Klumpjan
Henry David Thoreau
(356)

C 2057/7 b

rowohlts bildmonographien

Thema Kunst

Catherine Krahmer
Ernst Barlach (335)

Heinrich Goertz
Hieronymus Bosch
(237)

Kurt Leonhard
Paul Cézanne (114)

Juerg Albrecht
Honoré Daumier (326)

Dietrich Schubert
Otto Dix (287)

Franz Winzinger
Albrecht Dürer (177)

Lothar Fischer
Max Ernst (151)

Gertrud Fiege
Caspar David Friedrich
(252)

Herbert Frank
Vincent van Gogh
(239)

Jutta Held
Francisco de Goya
(284)

Lothar Fischer
George Grosz (241)

Michael Töteberg
John Heartfield (257)

Peter Anselm Riedl
Wassilij Kandinsky
(313)

Carola Giedion-Welcker
Paul Klee (52)

Catherine Krahmer
Käthe Kollwitz (294)

Norbert Huse
Le Corbusier (248)

Kenneth Clark
Leonardo da Vinci
(153)

Jost Hermand
Adolph Menzel (361)

Heinrich Koch
Michelangelo (124)

Liselotte v. Reinken
**Paula
Modersohn-Becker**
(317)

Mathias Arnold
Edvard Munch (351)

Wilfried Wiegand
Pablo Picasso (205)

Christian Tümpel
Rembrandt (251)

Ernst Nündel
Kurt Schwitters (296)

Matthias Arnold
**Henri de
Toulouse-Lautrec**
(306)

Lothar Fischer
Heinrich Zille (276)

C 2056/7

rowohlts bildmonographien

Helene M. Kastinger Riley
Achim von Arnim (277)

Christiane Zehl Romero
Simone de Beauvoir
(260)

Klaus Birkenhauer
Samuel Beckett (176)

Klaus Schröter
Heinrich Böll (310)

Marianne Kesting
Bertolt Brecht (37)

Morvan Lebesque
Albert Camus (50)

Klaus Schröter
Alfred Döblin (266)

Peter Berglar
**Annette von
Droste-Hülshoff** (130)

Jean de la Varende
Gustave Flaubert (20)

Peter Boerner
**Johann Wolfgang
von Goethe** (100)

Kurt Lothar Tank
Gerhart Hauptmann
(27)

Ludwig Marcuse
Heinrich Heine (41)

Georges-Albert Astre
Ernest Hemingway (73)

Bernhard Zeller
Hermann Hesse (85)

Ulrich Häussermann
Friedrich Hölderlin (53)

Francois Bondy
Eugène Ionesco (223)

Luiselotte Enderle
Erich Kästner (120)

Klaus Wagenbach
Franz Kafka (91)

Erika Klüsener
Else Lasker-Schüler
(283)

Thomas Ayck
Jack London (244)

Klaus Schröter
Heinrich Mann (125)

Walter Schmiele
Henry Miller (61)

Friedrich Hartau
Molière (245)

Wilfried Berghahn
Robert Musil (81)

Gerhard Schulz
Novalis (154)

Claude Mauriac
Marcel Proust (15)

Paul Mayer
Ernst Rowohlt (139)

Renate Wiggershaus
George Sand (309)

Walter Biemel
Jean-Paul Sartre (87)

Wolfgang Rothe
Ernst Toller (312)

Klaus-Peter Schulz
Kurt Tucholsky (31)

Werner Waldmann
Virginia Woolf (323)

Thomas Ayck
Carl Zuckmayer (256)

**Thema
Literatur**

**Eine
Auswahl**

bildmono ro ro ro graphien

C 2058/5 d